G. Ludwig Ditterich

Klinische Balneologie

G. Ludwig Ditterich

Klinische Balneologie

ISBN/EAN: 9783744663762

Hergestellt in Europa, USA, Kanada, Australien, Japan

Cover: Foto ©ninafisch / pixelio.de

Weitere Bücher finden Sie auf **www.hansebooks.com**

Sämmtliche Gase sind der vollen Bestimmtheit und allseitigsten Geltung halber nach dem Gewicht in Granen aufgeführt, und habe ich die Ziffern umgerechnet, wo ich jene nach dem Grangewichte nicht vorgefunden habe.

Ditterich.

AACHEN (Preussen); s. S. 112. Die Stadt liegt in einem weiten, von den Ausläufern der **Ardennen**, des **Eifel-** und **Montjoie-**Gebirges gebildeten Thale 553' ü. M. Das neu erbaute und eingerichtete, 1865 vollendete **Kaiserbad** entspricht allen Anforderungen der Wissenschaft, der Bequemlichkeit und Pracht mit Hallen, Einathmungssaal, Garten, Promenade. Ziegenmolke; mittlere Sommertemperatur $+ 13,51°$ R. Herrschende Winde sind der von Nordosten und Süden. Eine mässige Anhöhe (**Lous**) schützt die alte Kaiser- und Badestadt gegen die Heftigkeit der Nordwinde. Liter.: **Wetzlar**, 1862; **Sträter**, 1866.

ALEXISBAD (Anhalt-Dessau); s. S. 274. Im romantischen, gekrümmten Thale der **Selke** am Unterharze, das sich da breit ausbuchtet, aber von bewaldeten Höhen mit malerischen Felsenpartieen gegen die Winde geschützt ist, 1400' ü. M., hat in 16 Unzen nach **Trommsdorff** (1829) das Wasser vom **Selke-** und **Alexisbrunnen**

Schwefelsaures Eisenoxydul .	0,319	. —	Gran.
Schwefelsaures Manganoxydul	0,207	. —	,,
Kohlensaures Eisenoxydul .	—	. 0,403	,,
Kohlensaures Manganoxydul .	—	. 0,175	,,
Chloreisen	0,971	. —	,,
Schwefelsaure Kalkerde .	. 0,600	. 0,844	,,
Schwefelsaure Bittererde	. 0,375	, 0,784	,,
Schwefelsaures Natron .	. 0,299	. 0,675	,,
Kohlensaure Kalkerde .	. —	. 0,320	,,
Chlorkalcium . . .	. 0,145	. 0,066	,,
Kieselerde	. 0,109	. 0,178	,,
Extraktivstoff . . .	. 0,430	. 0,218	,,
	3,455	. 3,663	Gran.
Kohlensäure	—	. 4,100	,,

1 *

Dringend nöthig ist eine neue Analyse. Soole vom **Beringer Bad**, das 3 St. entfernt ist. **Ballenstädt** Eisenbahnstation.

ALTENBURG oder **DEUTSCH-ALTENBURG** (Niederösterreich), Dorf mit einem Schlosse, 10 St. von' Wien in einem gegen die Donau abfallenden Thale, 459 Wien. Fuss ü. M., mit Park etc.; zwei Quellen. Die **Badequelle** von $+ 21^0$ R. Temp. hat nach Herrn **Würtzler** (1851) in 16 Unzen Wasser 18 Gran fester Stoffe, unter ihnen 0,150 Gr. Jodnatrium, 1,612 Schwefelnatrium, 9 Chlornatrium und 0,305 Gran Schwefelwasserstoff, gehört also zu den stärksten jodig-muriatischen Schwefelwassern. Gute Einrichtungen.

ALTWASSER (Preussen); s. S. 283. Der Kurort liegt 1157' ü. M. unmittelbar an der **Breslau-Waldenburger** Eisenbahn in einem angenehmen Thale der **Polsnitz**, und kann dieser seiner Lage nach mit dem reizenden **Baden-Baden** verglichen werden. Jeden frühen Morgen frisch gefüllter erdig-salinischer Sodasäuerling von **Obersalzbrunn**; Moorbäder; Molken.

ALVENEU (Schweiz); s. S. 88. Sechzehn Unzen Wasser lieferten 1864 Hrn. v. **Planta**

Schwefelsaure Kalkerde	7,331 Gran.
Doppelt kohlensaure Bittererde . .	1,562 „
Schwefelsaure Bittererde	1,069 .,
Schwefelsaures Natron . . .	0,153 „
Schwefelsaures Kali	0,078 „
Chlornatrium	0,011 „
Doppelt kohlensaures Eisenoxydul .	0,008 „
Phosphorsaure Thonerde . . .	0,036 „
Kieselsäure	0,029 „
	10,277 Gran.
Freie Kohlensäure	0,174 „
Schwefelwasserstoff	0,010 „

Ausser diesem Mineralwasser, welches zur Trink- und Badekur in einem wohl eingerichteten Hause mit Trinksaal, 45 Wohnzimmern und 35 Kabineten zu Wannen-, Douche- und Dampfbädern dient, wird noch das Wasser zweier **eisenhaltig-erdiger Glaubersalzsäuerlinge**, welche bei **Tiefenkasten** und **Untersolis** zu Tage gehen, getrunken. Nach Hrn. v. **Planta's** 1863 vorgenommener Analyse enthalten 16 Unzen Wasser der Quelle von

	Untersolis:	Tiefenkasten:
Doppelt kohlensaures Eisenoxydul	. 0,145	. 0,234 Gran.
Schwefelsaures Natron . . .	. 15,667	. 17,572 „
Schwefelsaures Kali	. 0,539	. 0,882 „
Schwefelsauro Magnesia . . .	. —	. 1,647 „
Chlornatrium	. 9,257	. 4,513 „
Schwefelsaure Kalkerde . . .	. —	. 1,338 „
Doppelt kohlensaure Kalkerde	. 8,665	. 11,677 „
Doppelt kohlensaure Bittererde	. 2,936	. — „
Doppelt kohlensaures Natron .	. 2,298	. — „
Phosphorsaure Thonerde . . .	. 0,052	. — „
Kieselsäure	. 0,115	. 0,290 „
	89,664	. 38,153 Gran.
Freie Kohlensäure	. 5,583	. 9,707 „

Chur Eisenbahnstation, von da noch 9½ Stunden mittels Post über
Lenz und Tiefenkasten nach Alvenen. Liter.: A. v. Planta-
Reichenau, 1865.

ARCACHON (Frankreich), Städtchen an einem Becken von der
Biscaya'schen See, mit der letzteres durch eine Meerenge zusammenhängt, auf allen Seiten von hohen bewaldeten Dünen umgeben.
Die Häuser ziehen sich längs des Ufers dicht nebeneinander hin,
sind im schweizerischen, maurischen und Style des Schlosses von
Chambord erbaut, jedes einzelne mit Garten und Badhäuschen
versehen; keine Badekarren. Die Vorzüge dieses neuen Seebades
fasst Hr. Mettenheimer in Folgendem zusammen: „Der gewaltige
Wellenschlag der offenen See ist hier um ein Bedeutendes gemildert;
das Wasser des Beckens nicht sehr tief und darum schon etwas
wärmer. Für ängstliche und schwächliche Personen und für Kinder,
die man hier ganz ohne Aufsicht im Wasser baden und spielen sehen
kann, ist Arcachon daher ein sehr passender Badort. Die Dünen
und der Fichtenwald bilden einen mächtigen Schutz vor den Winden,
und die harzigen Ausdünstungen der Strandfichte werden wie in
Deutschland den Brustleidenden, besonders den Asthmatikern em-
pfohlen. Zur gründlicheren Benützung dieser Evaporationen sind
einige niedliche Landhäuser mitten in den Fichtenwald hineingebaut."
(Arch. f. Balneol., Bd. IV. H. 3.)

ARNSTADT (Schwarzburg-Sondershausen); s. S. 204. Nach

der Analyse von Hrn. Lukas (1860) bestehen 16 Unzen der dortigen koncentrirten Mutterlauge aus

Bromnatrium	50,688	Gran.
Chlorkalcium	1852,416	„
Chlormagnesium	838,656	„
Kohlensaurem Eisenoxydul . .	4,608	„
Wasser	4983,632	„
	7680,000	Gran.

Auch Mutterlaugensalz wird dargestellt und ·kurmässig verwendet.

AUGUSTUSBAD (Sachsen); s. S. 258 etc. Die Quellen des 705' ü. M. liegenden Kurortes sind 1863 von den Herren W. Stein und Karl Bley analysirt worden. Letztere erhielten aus 16 Unzen Wasser von der

	Moor-,	Stollen-,	tiefen,	Salz-	Stahl-,	Sodaquelle
Kohlens. Eisenoxydul	0,029	0,071	—	—	—	0,105 Gran.
Quells. Eisenoxydul	0,364	0,352	0,435	0,496	0,584	0,525 „
Kohlens. Kalkerde .	0,266	0,128	0,241	0,170	0,277	0,085 „
„ Bittererde	0,092	0,088	0,200	0,125	0,091	0,102 „
„ Natron .	—	—	·—	—	—	0,019 „
Schwefels. Kalkerde	0,092	0,081	0,156	0,329	0,209	0,068 „
„ Kali .	0,004	0,024	0,016	—	0,049	0,024 „
Chlornatrium . .	0,007	0,077	0,085	0,125	0,039	0,055 „
Kieselerde . .	0,153	0,186	0,153	0,138	0,146	0,173 „
	1,007	1,007	1,286	1,396	1,395	1,176 Gran.

Betreffs der Kohlensäure verweisen die HH. Analytiker auf die früher gemachten Mittheilungen in Dr. L. Choulant's Schriftchen „Der Kurort Augustusbad bei Radeberg etc. Dresden 1847", das aber leider vergriffen ist. Schafmolken-Trinkanstalt mit Zimmern über Kuhställen erbaut, deren Luft mittels Röhren in jene geleitet wird; Kiefernadelbäder; geschützte Lage.

BADEN (Baden), s. S. 192 u. 264. Die Büttenquelle enthält nach Hrn. Bunsen (1863) in 16 Unzen Wasser

Chlornatrium	14,522	Gran.
Chlorkalium	1,493	„
Chlorlithium	0,328	„
Chlormagnesium	0,084	„
Chlorkalcium	0,035	„
Schwefelsaure Kalkerde . . .	1,848	„

Zweifach kohlensaure Kalkerde	.	1,248 Gran.
„ „ Bittererde	.	0,104 „
„ „ Eisenoxydul	.	0,015 „
„ „ Manganoxydul		0,008 „
Bromnatrium	.	0,099 „
Schwefelsauren Strontian	. .	0,014 „
Phosphorsaure Thonerde	. .	0,006 „
Thonerde	.	0,005 „
Kieselerde	.	0,958 „
		20,893 Gran.
Freie Kohlensäure	. . .	0,420 „

Diese Quelle zeichnet sich durch ihren Gehalt an Chlorlithium noch mehr aus als die Murquelle; s. B. II. 415, wo die angegebenen Ziffern des Chlorlithiums aber in 0,226 Gran umzuändern sind. Fluss- und Wellenbäder; Schwimmbad in der Lichtenthaler Allee; auch sogenannte Stahlbäder im Jörger'schen Badhause der Lichtenthaler Vorstadt. In 16 Unzen Wasser der Mineralquelle desselben fand Bunsen 1863

Zweifach kohlensaures Eisenoxydul	.	0,064 Gran.
„ „ Manganoxydul	.	0,135 „
„ „ Kalkerde .	.	4,155 „
„ „ Bittererde	.	0,842 „
Chlornatrium	.	2,774 „
Chlorkalium	.	1,429 „
Schwefelsaure Bittererde	. .	0,398 „
„ Kalkerde	. .	0,185 „
Salpetersaures Kali . .	.	0,169 „
Kieselerde	.	0,156 „
Thonerde	.	0,017 „
		10,234 Gran.
Freie Kohlensäure	. . .	1,227 „

Nach Hrn. Bunsen's Analyse (1863) ist das Wasser des Stephanienbades keine Chalybokrene, indem in 10,000 Theilen nur 0,497 Theile fester Stoffe mit 0,007 Theilen, d. i. in 16 Unzen 0,382 Gran fester Bestandtheile und 0,006 Gran doppelt kohlensauren Eisenoxyduls, und gar keine Mengen von freier Kohlensäure, also nur, was man in gewöhnlichem Trinkwasser trifft, nachweisen liessen. Baden Eisenbahnstation.

BADEN (Niederösterreich); s. S. 104. Die **S a u e r h o f -** und die **J o h a n n i s b a d** quelle enthalten in 16 Unzen ihres Thermalwassers nach der von Hrn. **P o d z i m e k** 1863 und von Hrn. **H i d e g h** 1865 im **R e d t e n b a c h e r'** schen chemischen Laboratorium zu Wien gemachten Analyse

Schwefelnatrium . . .	— .	0,078 Gran.
Schwefelsaure Kalkerde .	7,147 .	3,714 „
Kohlensaure Kalkerde .	0,786 .	1,865 „
„ Bittererde .	0,349 .	0,289 „
Kohlensaures Natron . .	0,234 .	— „
Schwefelsaures Natron .	1,195 .	4,132 „
„ Kali . .	0,343 .	0,318 „
„ Strontian .	0,117 .	— „
„ Lithion .	— .	0,017 „
Chlornatrium . . .	2,713 .	— „
Chlormagnesium . . .	1,645 .	1,966 „
Chlorkalcium . . .	— .	1,488 „
Chlorlithion . . .	0,023 .	— „
Eisenoxyd und Thonerde .	0,023 .	0,016 „
Kieselsäure	0,274 .	0,186 „
Organische Substanz . .	0,300 .	0,664 „
	15,149 .	14,233 Gran.
Halbgebundene Kohlensäure	0,529 .	0,752 „
Freie Kohlensäure . .	0,476 .	0,661 „
Schwefelwasserstoff . .	0,096 .	0,073 „

Unter den Badener Schwefelthermen wird seit langer Zeit jene des **J o h a n n i s b a d s**, welche in der Stadt selbst zu Tage geht, zu den heilkräftigsten gerechnet. Ein vergleichender Blick auf obige und die übrigen Analysen spricht für diese Annahme. — Inhalations-Anstalt unter Leitung des Hrn. Dr. **F i e b e r**; Schaf- und Ziegenmolken.

BADEN (Schweiz); s. S. 106. Die Badekolonie liegt etwa zehn Minuten Flussabwärts von der Stadt entfernt, mit welcher sie durch einen dichten Baumgang verbunden ist, an beiden Ufern der **L i m m a t**, aus lauter Gasthöfen ersten und zweiten Ranges bestehend, und zwar jene am linken, diese am rechten Flussufer. Beide werden durch einen Steg verbunden. Gerade unter diesem und oberhalb des grossen **L i m m a t** - Gasthofes eine gemauerte geschlossene Trinkhalle von 10 Schritten Breite und 54 Länge, in welcher, wie in den ersten Gasthäusern, auch Ziegenmolke das Glas zu 15 Centimes verabreicht wird. Jeder Gasthof hat sein Mineralwasser und durchgehends Einzelbadebecken, die in den Boden gesenkt und mit wenigen Ausnahmen von Holz sind. Die Zimmer einschliesslich der Bäder täglich 1 bis 3 Frcs. Flussbad-Anstalt im Staadhof. Baden's Mineralquellen gehören zu den schwachen erdig-salinischen Kochsalzthermen. Der Schwefelwasserstoff-Geruch in den Gängen wie Badekabineten soviel wie null. Vom Nordbahnhof auf der Höhe gegen 10 Minuten abwärts zu den Gasthäusern. Liter.: Diebold, 1861.

BORMIO (Italien); s. S. 54. Städtchen im Thale der Adda, ¼ Stunde nördlich von ihm nahe an der berühmten Kunststrasse über das Wormser oder Stilfser Joch das neue Bad am niedern südlichen Gehänge eines mächtigen Dolomit-Gebirgsstockes 3,600' ü. M. mit netten Parkanlagen umgeben in grossartigem Styl erbaut mit 40 Badekabineten und 100 Wohnzimmern. Etwa 1000' ober ihm liegen die alten Badgebäude mit Raum für 50 Personen, durch einen zickzackförmigen Felsensteig mit ersterem verbunden. Acht Mineralquellen von $+$ 27 bis 31,50° R. Temp. Hr. v. Planta fand 1859 in 16 Unzen des $+$ 31,90° R. warmen Wassers von der St. Martin's quelle

Schwefelsaure Kalkerde	. . 3,735	Gran.
Kohlensaure Kalkerde .	. . 1,332	„
Schwefelsaure Bittererde	. . 1,935	„
„ Natron	. . 0,464	„
Schwefelsaures Kali	. . 0,139	„
Chlornatrium . .	. . 0,086	„
Kohlensaures Eisenoxydul	. . 0,019	„
„ Manganoxydul	. . 0,011	„
Kieselsäure . . .	. . 0,159	„
	7,880	Gran.
Halbfreie und freie Kohlensäure	. 0,364	„

Komfortable Einrichtungen; Marmor- und Porzellanwannen, grosses Warmwasserbecken zum Schwimmen; Schlammbäder; Molken; auswärtige Mineralwasser. Mildes Alpenklima durch den Schutz gegen Nordwinde; prachtvolle Gebirgs- und Thalscenerie; reizende Ausflugspunkte. Saison Juli und August. Tägliche Postverbindung nach Italien über den See von Como oder über Aprica-Pass; nach der Schweiz über Bernina und Splügen; Lohnkutscher über das Stilfser Joch nach Tirol. Liter.: v. Planta-Reichenau, 1860; Theobald, 1865.

BUCHSAEUERLING (Böhmen); s. S. 72. Hr. A. Schneider bekam 1862 aus 16 Unzen Wasser der Ottoquelle

Kohlensaures Natron	6,851 Gran.
Kohlensaure Kalkerde . . .	1,930 „
„ Bittererde . . .	1,358 „
Schwefelsaures Kali . . .	0,520 „
„ Natron . . .	0,376 „
Chlornatrium	0,307 „
Kohlensaures Eisenoxydul . .	0,040 „
„ Manganoxydul . .	0,027 . „
„ Lithion . . .	0,045 „
Thonerde	0,020 „
Kieselerde	0,456 „
Organische Materien . . .	0,002 „
	12,232 Gran.
Freie Kohlensäure . . .	20,632 „

Die 1861 gefasste Neuquelle ist schwächer an festen und gasigen Bestandtheilen. Liter.: Löschner, 5. Aflg. 1860.

BURTSCHEID (Preussen); s. S. 139. Hr. Hamberg analysirte 1859 die neue (öffentliche) Trinkquelle, auch Viktoriabrunnen genannt; Hr. Wildenstein 1861 die heisseste Quelle. Beide erhielten aus 16 Unzen Wasser folgende feste Stoffe und Gase, und zwar

	Hamberg		Wildenstein:	
Jodnatrium	0,002	.	0,002	Gran.
Bromnatrium . . .	0,020	.	0,013	„
Schwefelnatrium . . .	0,014	.	0,001	„
Schwefelsaures Natron .	2,163	.	2,367	„
„ „ Kali .	1,279	.	1,294	„
Chlornatrium . . .	21,429	.	21,790	„
Phosphorsaure Kalkerde .	0,005	.	0,003	„
Kohlensaure Kalkerde . .	1,105	..	1,427	„
„ „ Bittererde . .	0,221	.	0,210	„
Kohlensaures Natron . .	4,834	.	4,590	„
„ „ Lithion .	0,027	.	0,074	„
„ „ Ammoniumoxyd	0,048	.	0,055	„
Kohlensauren Strontian .	0,026	.	0,004	„
Kohlensaures Eisenoxydul .	0,014	.	0,003	„
„ „ Manganoxydul .	0,004	.	0,002	„

Koblensaures Kupferoxyd	.	0,001	.	0,001 Gran.
Phosphorsaure Thonerde	.	—	.	0,001 „
Thonerde . . .	.	0,006	.	— . „
Arsensaure Kalkerde .	.	—	.	0,0002 „
Kieselsäure . . .	.	0,509	.	0,567 „
Organische Theile .	.	0,012	.	0,020 „
		31,727	.	32,4242 „
Freie und halbfreie Kohlensäure		3,363	.	2,729 „

Die freien aufsteigenden Gase der Burtscheider Thermen sind zwar mehrmals, aber nie mit den Hilfsmitteln der neueren Chemie untersucht worden. — Bei der jüngsten Analyse fing Herr F o n t a n als Volumenprocente auf am .

			Kochbrunnen	. Pockenpützchen
Stickstoff . . .	.	68,4	. .	87
Kohlensäure . .	.	30,5	. .	12
Sauerstoff . .	.	0,15	. .	—
Schwefelwasserstoff .	.	—	. .	1.

B u r t s c h e i d hängt nun mit A a c h e n durch Neubauten zusammen. Es hat zehn Badhäuser und auch Kastendampfbäder. Hier lebt es sich etwas billiger als in A a c h e n. — Etwa zehn Minuten von der Kurstadt liegt die kleine, gut eingerichtete Kaltwasser - Anstalt E i c h mit prächtigem Garten und eleganten Wohnungen; Kuhmolken. Lit. L e r s c h, 1862.

DARUVAR (Slavonien); s. S. 30. Der Kurort liegt zwei Stunden von L i p i k, hat ein neues im Schweizerstyl aufgeführtes Wohnhaus, das mit allem Komfort ausgestattet ist; Parkanlagen. Der Schlossgarten des Badbesitzers Hrn. Grafen J a n k o v i t s c h zum Besuche der Kurgäste offen stehend. D a r u v a r ist Poststation.

DRIBURG (Preussen); s. S. 55. Hr. F r e s e n i u s erhielt 1865 aus 16 Unzen Wasser vom H e r s t e r b r u n n e n

Doppelt kohlensaures Eisenoxydul	. 0,181 Gran.
„ „ Manganoxydul	. 0,020 „
„ kohlensaure Kalkerde .	. 11,231 „
„ „ Bittererde	. 0,889 „
Schwefelsaure Kalkerde . .	. 7,971 „
„ Bittererde . .	. 6,262 „
Schwefelsaures Natron . .	. 0,929 „
„ Kali	. 0,167 „

Schwefelsauren Strontian . . .	0,021	Gran.
„ Baryt	0,001	„
Chlornatrium	1,156	„
Chlorammonium	0,013	„
Chlorlithium	0,012	„
Salpetersaures Natron . . .	0,003	„
Basisch phosphorsaure Kalkerde .	0,003	„
Phosphorsaure Thonerde . . .	0,003	„
Kieselsäure	0,142	„
	29,004	Gran.
Völlig freie Kohlensäure . . .	15,802	„

Dieser Analyse gemäss ist der Herster brunnen nicht unter die Gypssäuerlinge zu rechnen, wie die früheren Analysen der HH. Varrentrapp (1843) und Witting (1858) besagten, sondern vielmehr den Kalksäuerlingen einzureihen, obwohl er nahezu ein Mittelglied zwischen beiden ist.

Die Trinkquelle lieferte in demselben Jahre Hrn. Fresenius in 16 Unzen Wasser

Doppelt kohlensaures Eisenoxydul .	0,571	Gran.
„ „ Manganoxydul .	0,033	„
„ kohlensaure Kalkerde . .	11,125	„
„ „ Bittererde .	0,522	„
Schwefelsaure Kalkerde . . .	7,988	„
Schwefelsaures Natrum . . .	2,778	„
„ Kali	0,171	„
Schwefelsaure Bittererde . . .	0,110	„
Schwefelsauren Strontian . . .	0,036	„
„ Baryt	0,001	„
Chlornatrium	0,566	„
Chlorammonium	0,015	„
Chlorlithium	0,003	„
Salpetersaures Natron . . .	0,003	„
Phosphorsaure Kalkerde . . .	0,002	„
„ Thonerde . . .	0,002	„
Kieselsäure	0,225	„
	24,151	Gran.
Völlig freie Kohlensäure . . .	18,692	„

Der abgesetzte Ocker hatte 53,593 pC. von Eisenoxyd, 0,111 Manganoxyd, 0,085 Arsensäure, 1,065 Schwefel-, 0,149 Phosphor-, 10,823 Kohlen- und 1,767 Kieselsäure.

Der zu Bädern gehörende S a t zer Schwefelschlamm (s. S. 102) enthält nach Hrn. F r e s e n i u s 81,8 pC. Wasser, 15,9 organischer Bestandtheile, 2,3 nicht flüchtiger organischer Bestandtheile, dann Schwefelwasserstoffgas, Kohlensäure und leichten Kohlenwasserstoff; der bei 8° R. getrocknete hingegen in 16 Unzen leicht im Wasser lösliche Körper: Schwefelsaure Magnesia 14,98 Gran, schwefelsaures Natron 12,98, schwefels. Kali 3,84, schwefels. Ammon. 2,15, schwefels. Thonerde 1,38, Chlornatrium 0,77, Kalk an Humussäure gebunden 3,38, Kieselsäure 1,69 Gran; dann noch an organischen Materien 18,05 Gran.

 EILSEN (Schaumburg-Lippe); s. S. 97. Aus 16 Unzen Wasser stellte 1863 dar Hr. S c h o o f vom

	Wiesen-,	Georg's-	u. Julianen-
			brunnen.
Schwefelsaure Kalkerde . .	4,479 .	9,319 .	15,126 Gran.
„ „ Bittererde . .	0,138 .	1,738 .	4,418 „
Kohlensaure Bittererde . .	0,606 .	1,350 .	0,188 „
Doppelt kieselsaures Natron .	1,107 .	0,997 .	1,140 „
Chlorkalcium	0,503 .	1,038 .	1,659 „
Doppelt kohlensaures Eisenoxydul	0,866 (?)	0,376 (?)	0,186 „
	7,999 .	14,818 .	22,717 Gran.
Schwefelwasserstoff . . .	0,545 .	0,688 .	0,610 „

Wenn die Analyse richtig, so wäre der G e o r g'sbrunnen das stärkste bekannte eisenhaltige Schwefelwasser, ferner der W i e s e n - brunnen ebenfalls wohl das stärkste schwefelwasserstoff-erdige Eisen-Wasser. Aber meine 1865 in E i l s e n vorgenommenen Reagenz-Versuche lassen ernste Zweifel an solchem Eisenreichthum zu.

 ELSTER (Sachsen); s. S. 157. Der Kurort hat drei überbaute Trinkhallen, deren erste als Tempelbau mit rechts und links 12' breitem Arkadengange den A l b e r t s -, K ö n i g s - und M a r i e n brunnen neben dem Kurhaus einschliessen; ferner zwei für die S a l z - und M o - r i t z quelle durch eine gedeckte Wandelbahn im Halbkreise verbunden; Kurhaus im italienischen Style mit der Vorderseite gegen Süden und mit drei nach rückwärts auslaufenden Flügeln für Badekabinete und Moorbadstuben, welche sämmtlich heizbar sind, also die Ausdehnung der Kur bis in den Herbst hinein ermöglichen; Wannen mit Doppel-Boden zur Heizung des Mineralwassers mittels Dampf. E l s t e r ist

nun im Bereiche des deutschen Eisenbahnnetzes, indem von der
Leipzig-Hofer Bahn zu Reichenbach, und von der nach Eger
sich ziehenden bayerischen Ostbahn zu Franzensbad die Linie
sich abzweigt.

EMS (Preussen); s. S 76. Hr. Fresenius analysirte die
Felsenquelle Nr. 2 und gewann aus 16 Unzen ihres Wassers von
+ 31,36° R.:

Doppelt kohlensaures Natron	.	.	16,285 Gran.
„ „ „ Ammon	.	.	0,057 „
„ „ „ Lithion	.	.	0,004 „
„ kohlensaure Kalkerde	.	.	1,710 „
„ „ „ Bit'ererde	.	.	1,827 „
„ „ „ Strontian	.	.	0,007 „
„ „ „ Baryt	.	.	0,003 „
„ „ „ Eisenoxydul	.		0,021 „
„ „ „ Manganoxydul	.		0,004 „
Chlornatrium	.	. . . .	7,355 „
Bromnatrium	.	. . . .	0,0004 „
Schwefelsaures Kali	.	. . .	0,502 „
„ „ Natron	.	. .	0,045 „
Phosphorsaures Natron	.	. .	0,001 „
Kieselsäure	.	. . . .	0,364 „
			27,1864 Gran.
Völlig freie Kohlensäure	.	. .	7,855 „

Die Felsenquelle Nr. 2 kommt in der östlichen Richtung des
Hofraums hinter dem Nassauer Hofe zu Tage.

FRANKENHAUSEN (Schwarzburg-Rudolstadt); s. S. 180. Die
1861 von Hrn. Kromayer analysirte Bohrsoole enthält in 16 Unzen

Chlornatrium	.	. . . .	1917,465 Gran.
Chlormagnesium	.	. . .	26,573 „
Chlorlithium	.	. . .	0.076 „
Chloraluminium }			
Eisenchlorid }	.	. . .	0,691 „
Brommagnium	.	. . . .	0,076 „
Schwefelsaure Kalkerde	.	. .	32,102 „
„ „ Strontian	.	. .	0,230 „
„ „ Kali	.	. . .	9,677 „
„ „ Natron	.	. .	5,145 „
			1997,562 Gran.
Kohlensäure	.	. . . .	6,529 „

Die Mutterlauge lieferte aus 16 Unzen 0,706 Gran Brommagnium. Der Elisabethenbrunnen wurde von Hrn. Wackenroder nicht 1844 sondern 1851 analysirt.

GASTEIN (Oberösterreich); s. S. 145. Nach der Analyse von Hrn. Frz. Ullik, welcher dieselbe im Redtenbacher'schen Laboratorium zu Wien mit dem versendeten Wasser 1863 vollführte, enthalten 16 Unzen

Schwefelsaures Natron . . .	1,601	Gran.
„ „ Kali	0,104	„
Chlornatrium	0,329	„
Chlorlithium	0,021	„
Kohlensaure Kalkerde . . .	0,149	„
„ „ Bittererde . . .	0,013	„
„ „ Eisenoxydul . . .	0,004	„
Kieselsäure	0,381	„
Phosphorsaure Thonerde . . .	0,005	„
	2,610	Gran.
Gebundene Kohlensäure . . .	0,074	„
Freie Kohlensäure	0,237	„

Diese Analyse zeigt bezüglich der Summe von den festen Bestandtheilen grosse Uebereinstimmung mit den früheren Zerlegungen von Hrn. Hühnefeld (1828) mit 2,718 Gran; von Hrn. Soltmann (1836) mit 2,596 Gran; von Hrn. Wolf (1845) mit 2,680 Gran, und von Hrn. Kletzinski mit 2,807 Gran. So verhält es sich auch betreffs des Glaubersalzes, da Hr. Hühnefeld 1,433, Hr. Soltmann 1,495, Hr. Wolf 1,516 Gran erhielt. Der einzige Hr. Kletzinski verzeichnet nur 0,288 Gran, dagegen 1,059 Gran kohlensaurer Kalkerde, 0,496 Gran schwefelsaurer Kalkerde, 0,317 Gran kohlensaurer Magnesia und 0,288 Gran Bittersalzes, welcher Analyse gemäss die Gasteiner Therme den erdigen Wassern beizuzählen wäre. Ich glaubte früher die bekannte belebende Wirkung des Gasteiner Thermalwassers in einem Arsen - Gehalte desselben gründend annehmen zu müssen, allein Hr. J. von Liebig hat bei seinen vor einigen Jahren vorgenommenen Prüfungen während eines mehrwöchentlichen Aufenthaltes in diesem hoch gelegenen Alpenkur-Orte selbst nicht ein Atom Arsensäure gefunden. Ausser der Temperatur und dem Kieselsäure - Gehalte des Gasteiner Thermalwassers dürfte daher besagte Wirkung wohl dem verminderten Luftdruk und seinen Folgen, der erregenden Alpenatmosphäre zuzuschreiben seyn. Liter.: Pröll, 1862.

GMUNDEN (Salzkammergut), Salinenstädtchen am nördlichen Ende des Traunsees, zu beiden Seiten der Traun, über welche eine hölzerne Brücke führt, 1530 Wiener Fuss ü. d. M., an der Scheidungsgrenze des Flach- und Gebirgslandes mit einer längs des Seeufers angelegten Promenade, in deren Mitte das freistehende, mit einem Garten versehene Kurhaus für Sool-, Fichtennadel-, |Warm-, Kalt- und Dampfbäder nebst verschiedenen warmen und kalten Douchen in hübschen, zweckmässig eingerichteten Kabineten, versenkten Wannen, mit Kursalon, in welchem Kuhmolken und Kräutersäfte wie eingeführte auswärtige Mineralwasser verabreicht werden.

Die Soole ist Sinkersoole, daher gesättigt, fast $25^0/_0$, kommt gleich jener zu Ischl (s. S. 204) von den Soolenleitungen in Ebensee. Schwimmschule; Seebäder. Das Städtchen ist allseitig von Hügeln und himmelanragenden Gebirgen umkränzt, der See nur gegen Westen hin offen, aber nur theilweise gegen die Nordwinde durch Hügel geschützt. Alpenklima; mittlere Sommertemperatur, nämlich vom Mai bis Oktober, in den Jahren 1856 bis 1861 einschl. $+ 11^0$ R. Eine Menge reizender Ausflugspunkte; Seefahrten. Gmunden, Haltstelle eines Zweiges der Elisabeth-Westbahn; Abzweigung von der Station Lambach. Liter.: C. Feurstein, 1862.

GODESBERG (Preussen), Dorf am linken Rheinufer, $1\frac{1}{4}$ Stunden südöstlich von Bonn, einige hundert Schritte von ihm am Ausgange des von Westen nach Osten herabsteigenden Gudenauer Thales, nördlich und südlich durch die auslaufenden Höhenzüge geschützt, in reizender gartenähnlicher Umgebung der Draischbrunnen 218' ü. M., seit 1864 durch Bohrung neu hergestellt. Hr. Dr. Richter zu Köln erhielt 1865 aus 16 Unzen Wasser von ihm

Kohlensaures Eisenoxydul	.	.	0,221	Gran.
„	„	Manganoxydul	.	.	0,014	„
„	„	Natron	.	.	.	7,424	„
„	„	Ammoniak	.	.	0,035	„
„	„	Lithion	.	.	.	0,005	„
„	„	Bittererde	.	.	3,272	„
„	„	Kalkerde	.	.	.	2,065	„
Chlornatrium	.	.	.	.	.	7,348	„

Brommagnesium	0,002	Gran.
Jodmagnesium	0,001	„
Schwefelsaures Natron . . .	2,546	„
„ Kali . . .	0,270	„
Phosphorsaure Kalkerde . .	0,028	„
„ Thonerde . .	0,021	„
Kieselsäure	0,104	„
Organische Substanz . . .	0,045	„
	23,401	Gran.
Halbgebundene Kohlensäure . .	5,812	„
Freie Kohlensäure . . .	19,330	„

Das Mineralwasser ist also Mittelglied zwischen **alkalischen** und **muriatischen Eisensäuerlingen**, wie Deutschland kein zweites hat. Prachtvolle Kurgebäude aus dem Ende des vorigen Jahrhunderts. Die Kuranstalt mit neuen Einrichtungen liegt eine halbe Stunde vom Rhein mit entzückender Aussicht auf das nahe romantische Siebengebirg, auf alte Burgen etc.; ist Haltstelle der von **Mainz** über **Koblenz** und **Bonn** nach **Köln** führenden Eisenbahn. Mildes Klima; Saison schon vom Mai an. Liter.: **Schwann**, 1865.

GREIFENBERG (Bayern); s. S. 18. Zufolge einer neuen Analyse im Laboratorium des Herrn. von Liebig (1862) enthalten sechzehn Unzen Wasser von der

	Trinkquelle:		Badequelle:	
Kohlensaure Kalkerde .	2,004	. .	1,886	Gran.
„ Bittererde .	0,929	. .	0,906	„
Kohlensaures Natron . .	0,065	. .	0,092	„
„ Kali . .	—	. .	0,024	„
„ Lithion . .	0,012	. .	0,015	„
„ Eisenoxydul .	0,042	. .	0,008	„
Chlorkalium . . .	0,029	. .	0,008	„
Kieselsäure	0,137	. .	0,158	„
	3,218	. .	3,092	Gran.
Freie und halbgebundene Kohlensäure	1,915	. .	2,288	„

Der aus dem abfliessenden Wasser der **Badequelle** sich abscheidende Ocker, welcher zu Schlammbädern benützt wird, ergab aus 100 bei 100° getrockneten Theilen:

Eisenoxyd	49,640	Theile.
Kohlensaure Kalkerde	17,260	„
„ Bittererde	0,690	„
Kieselsäure	2,330	„

Arsensäure . . . . 0,760 Theile.
Phosphorsäure . . . . . . 0,320 „
Organische Materie (Quellsäure) und Wasser 29,000 „
99,840 Theile.

Molken. Saison vom 15. Mai au.

GRIESBACH (Baden); s. S. 294. Neue Fassung der Quellen und deren Verbindung mit einer neu entdeckten.

HALL (Tirol); s. S, 202. Das Städtchen liegt 3 Stunden unterhalb Innsbruck, 1822' o. M. Hr. L. Barth analysirte 1865 die Soole nebst der Mutterlauge und gewann aus 16 Unzen von der

	Soole:	Mutterlauge:
Chlornatrium	1959,936 .	1593,707 Gran.
Chlormagnesium . . .	20,697 .	224,332 „
Chlorkalium	10,836 .	118,963 „
Chlorkalcium	5,437 .	75,955 „
Chlorammonium . . .	0,991 .	2,934 „
Brommagnesium . . .	0,384 .	13,248 „
Schwefelsaure Kalkerde .	33,468 .	20,505 „
	2031,649 .	2049,644 Gran.
Freie Kohlensäure. . . .	0,922 .	— „

Nun gut eingerichtete Kuranstalt; zahlreiche Ausflugspunkte; Eisenbahnhaltstelle.

HASSFURT (Bayern), Städtchen im Mainthale, halbwegs zwischen Bamberg und Schweinfurt, zunächst der Eisenbahn, mit einer Haltstelle; an seiner nordwestlichen Seite etwa 150 Schritte von letzterer entfernt, am südlichen Fuss eines Hügels innerhalb dichter Parkanlagen das Wildbad, 647' o. M. mit zwei Quellen von + 12° R. Hr. F. von Bibra fand 1846 bei der Zerlegung ihres Wassers in 16 Unzen der

	oberen	unteren Quelle:
Doppelt kohlensaures Eisenoxydul . .	0,223 .	0,284 Gran.
Schwefelsaure Kalkerde	13,650 .	13,640 „
Doppelt kohlensaure Kalkerde . .	3,525 .	3,740 „
„ „ Bittererde . .	0,983 .	0,998 „
Schwefelsaures Natron	2,618 .	2,688 „
Schwefelsaure Talkerde	1,958 .	1,836 „
Chlornatrium	1,382 .	1,352 „
Kieselsäure	0,115 .	0,192 „
Jod, Brom (an Magnesium gebunden), kohlensaures Manganoxydul etc. .	S p u r e n.	
	24,454 .	24,730 Gran.

Freie Kohlensäure . . . Spuren.
Schwefelwasserstoff . . . . 0,045 Gran.

Drei Jahre früher erhielt Hr. Herrnbökh zu Bamberg 25,799
Gran fester Bestandtheile, unter diesen 0,124 Gran kohlensauren Eisen-
Oxyduls, welch letzte Ziffern nach meinen angestellten Reagenz-Ver-
suchen und nach dem Geschmacke des Wassers die richtigeren seyn
dürften. Infusorien-Schlamm im Mineralwasser mit viel Sauerstoffgas-
Entwicklung; Moorerde; Wannen- und Douchebäder, unter letzteren
eine aufsteigende; Molken, Trauben; gute Einrichtungen; mildes
Klima, Schutz vor den Nordwinden; mittlere Lufttemperatur vom
Frühling $+ 7,510^0$, vom Sommer $+ 14,90^0$, vom Herbste $+ 6,92^0$ R.
Zahlreiche Spatzirgangs- und Ausflugspunkte mit reizenden Fernsichten. Saison vom Mai bis in den Oktober. Liter. Henke, 1846;
Ditterich im ärztlichen Intelligenzblatt, Nr. 49, 51 und 52 von
1864.

HEILBRUNN (Bayern); s. S. 206. Hr. R. Pribram hat die
Borsäure, welche vor einigen Jahren im Wasser der Adelheids-
Quelle aufgefunden wurde, 1866 bestimmt; sie beträgt in 16 Unzen
Wasser 0,769 Gran. Wohnungen nun auch im Wirthshaus und in
einem Seitengebäude nebenan, dessen Zimmer schöne Aussicht bieten.
Das frühere Häuschen des Hrn. Dr. Fleschütz, nun im Besitze
des Sägmüllers Throner; zahlreiche Zimmer auch in Bauernhäusern,
die aber nur sehr bescheidenen Ansprüchen genügen.

HEILBRUNNEN (Preussen); s. S. 35. Jetzt heisst der Kurort
TÖNNISTEIN-HEILBRUNNEN, indem zu Tönnistein im Brohlthal
441′ ü. M. das alte Kloster, dann baufällige Kurhaus 1801 neu, und
1863 ein zweites Haus in der Nähe aufgebaut wurde, woselbst einige
Brohlthalquellen zum Trunk und zu Bädern benützt werden, welche
aus zwei Tönnisteiner Säuerlingen, dem Kellerbrunnen, ¼ Stunde
nördlich, dem Wassenacher Brunnen, auch Tönnisteiner Stahl-
Quelle genannt, und dem Heilbrunnen bestehen. Letzterer liegt
20 Minuten von Tönnistein in einem Seitenthälchen 356′ ü. M.,
mit Wald umgeben und einer Trinkhalle nebst einem Ruhekabinet
versehen, seit 1861 neu gefasst. Hr. G. Bischof analysirte diese
Mineralquellen bis auf den Brunnen von Kell, und machte 1847
die Ergebnisse bekannt. Sie lauten von 16 Unzen des

	Heil-brunnen:	Tönni-stein I:	Tönni-stein II:	Tönnist Stahlquelle:
Kohlensaures Eisenoxydul	0,857	0,451	0,552	3,081 (?)Gran.
„ Natron	13,460	6,647	7,009	— Gran.
Kohlensaure Bittererde	8,396	7,187	2,794	2,608 „
„ Kalkerde	2,876	3,192	3,666	2,971 „
Chlornatrium	12,821	4,103	1,111	— „
Schwefelsaures Natron	2,346	0,693	0,424	0,753 „
Kieselsäure	0,521	0,300	0,228	0,381 „
	41,279	22,573	15,784	9,794 Gran.

Halb gebundene Kohlensäure
nach Mohr . . . 12,848 Gran, nicht bestimmt, aber bedeutend.
Völlig freie Kohlensäure . 25,098 „ „ „ „ „
Temperatur . . . $+ 9,3^\circ$R. . $+ 10,2^\circ$R.

Das Wasser vom Dorfe Kell (281' ü. M.) wurde 1855 von Hrn. Apotheker Dr. Meitzen und Hrn. Dr. Ewich analysirt, welche in 16 Unzen fanden:

Kohlensaures Natron	.	.	.	12,3 Gran.
„ Bittererde	.	.	.	7,0 „
„ Kalkerde	.	.	.	2,2 „
„ Eisenoxydul	.	.	.	0,03 „
Chlornatrium	.	.	.	9,2 „
Schwefelsaures Natron	.	.	.	2,3 „
Kieselsäure	.	.	.	0,2 „
				33,23 Gran.

Freie u. halbgebundene Kohlensäure . 22,330 „

Während also die obigen Quellen theils den alkalisch-muriatischen, theils den erdig-alkalischen Eisensäuerlingen angehören, die indessen einer neuen Analyse sehr bedürfen, reiht sich der Brunnen von Kell unter die muriatisch-erdigen Sodasäuerlinge. Gute Einrichtungen; mildes Klima; reizende Ausflugspunkte. Brohl Station der rheinischen Eisenbahn, von da eine Stunde thalaufwärts zum Kurorte. Liter. Rittershausen, 1865; Wegeler, 4. Aflg. 1866.

HEINRICHSBAD (Schweiz); s. S. 256; jetzt von der Eisenbahn-Station Winkeln mittels Postomnibus in 15 Minuten erreichbar.

HOMBURG v. d. H. (Preussen); s. S. 247. Hr. Fresenius analysirte 1862 das Wasser vom Ludwigs- und Kaiserbrunnen, 1863 das vom Elisabethenbrunnen und fand in 16 Unzen vom

	Lud-wigs-	Elisa-bethen-	Kaiser-Brunnen:	
Doppelt kohlensaures Eisenoxydul .	0,113 .	0,245 .	0,248 Gran.	
Suspendirtes Eisenoxydhydrat . .	0,015 .	— .	—	„
Doppelt kohlensaures Manganoxydul .	0,013 .	0,016 .	0,016	„
Chlornatrium	39,315 .	75,732 .	55,120	„
Chlormagnesium	2,875 .	5,598 .	3,223	„
Chlorkalcium	3,598 .	5,279 .	4,209	„
Chlorkalium	1,809 .	2,659 .	1,930	„
Chlorammonium	0,039 .	0,168 .	0,115	„
Chlorlithium	0,079 .	0,166 .	0,116	„
Jodmagnesium	— .	0,0002 .	0,0002	„
Brommagnesium	0,001 .	0,022 .	0,002	„
Doppelt kohlensaure Kalkerde . .	8,808 .	16,717 .	10,210	„
„ „ Bitterde . .	0,343 .	0,332 .	0,560	„
Schwefelsaure Kalkerde . . .	0,096 .	0,129 .	0,118	„
Schwefelsauren Strontian . . .	— .	0,186 .	—	„
Schwefelsauren Baryt	0,021 .	0,008 .	0,014	„
Phosphorsaure Kalkerde . . .	0,004 .	0,007 .	0,004	„
Salpetersaures Kali	0,021 .	— .	—	„
Kieselsäure	0,095 .	0,202 .	0,114	„
	57,247 .	107,4162 .	75,9992 Gran.	
Völlig freie Kohlensäure . . .	20,378 .	14,981 .	21,211	„
Schwefelwasserstoff '	— .	0,001 .	—	„

IMNAU (Preussen); s. S. 36 etc. Hr. Strecker in Tübingen bekam 1863 in 16 Unzen Wasser bei seiner Analyse der

	Fürsten-	Kasparquelle	
Doppelt kohlensaures Eisenoxydul .	0,040 .	0,403 Gran.	
„ „ Manganoxydul .	0,077 .	0,247	„ .
„ kohlensaure Kalkerde . .	11,313 .	11,171	„
„ „ Bittererde . .	3,177 .	1,705	„
Schwefelsaure Kalkerde . . .	— .	0,133	„
Chlornatrium	0,636 .	0,155	„
Chlorkalium	0,422 .	—	„
Chlormagnesium	0,372 .	—	„
Schwefelsaures Kali	0,682 .	0,110	„
„ Natron . . .	— .	0,296	„
Schwefelsaure Bittererde . . .	— .	0,165	„.
Organische Stoffe	1,114 .	0,549	„
Kieselsäure	0,056 .	0,089	„
	27,889 .	15,023 Gran.	
Freie Kohlensäure	17,571 .	14,945	„

Demnach zählt die Fürstenquelle zu den schwach eisen-
haltigen muriatischen Kalksäuerlingen, die Kaspar-
quelle hingegen zu den erdig-salinischen Eisensäuerlingen;
dabei ist letztere sehr reich an Manganoxydul-Bikarbonat.

JOHANNISBRUNNEN (Mähren); s. S. 32. Hr. E. Ludwig
analysirte sämmtliche drei Quellen 1865; er gewann aus 16 Unzen
von der

	Paula-:	neuen-:	Johannis-quelle:
Kohlensaures Eisenoxydul .	0,465	. 0,472	. 0,616 Gran.
Kohlensaure Kalkerde . .	4,702	. 4,024	. 2,644 „
„ Bittererde . .	1,639	. 1,639	. 1,212 „
Kohlensaures Natron . .	0,808	. 0,680	. 0,703 „
Schwefelsaures Kali . .	0,069	. 0.059	. 0,080 „
„ Natron . .	0,083	. 0,192	. 0,079 „
Chlornatrium	0,014	. 0,019	. 0,014 „
Kieselsäure	0,549	. 0,471	. 0,543 „
Organische Substanz . .	0,078	. 0,072	. 0,053 „
	8,407	. 7,628	. 5,944 Gran.
Halbgebundene Kohlensäure .	3,438	. 3,090	. 2,323 „
Freie Kohlensäure . . .	19,268	. 16,810	. 17,052 „
Temperatur	6⁰ R.	. 4,8⁰ R.	. 7⁰ R.

Hr. Daubrawa, welcher die Johannis- und neue Quelle
1863 analysirte, erhielt ähnliche Zahlenwerthe. Der Kurort liegt
1200' ü. M. tief eingebettet zwischen mächtigen rasch bis zu 600'
über der Thalsohle ansteigenden Bergzügen, die von Koniferen über-
waldet sind. Das Thal ist von der Mora bewässert. Keine Sprünge
der Lufttemperatur. Schafmolken.

KANNSTATT und BERG (Württemberg); s. S. 240. Das Wasser des Wilhelmsbrunnen wird auch eingedampft, um als
„koncentrirtes Kannstatter Mineralwasser" verkauft
zu werden. Hinsichtlich seiner Stärke kommt ein Glas desselben
vier Gläsern des natürlichen Mineralwassers gleich. Hinter dem
Wilhelmsbrunnen auf der Sulzerrainhöhe eine Säulenhalle nebst
Parkanlagen. Neben der Inselquelle, die jetzt überdacht ist, eine
im Schweizerstyl erbaute und bedeckte Trinkhalle von 25 Schritten
Länge und 7 Schritten Breite. Kuh - und Ziegenmolken von der

Rosenstein'schen Käserei. Im Karl-Olga-Bad von Hrn. Dr. Tritschler „Naturheilanstalt und homöopathische Klinik". Berg nun durch eine Pferd-Eisenbahn mit Stuttgart verbunden.

KARLSBAD (Böhmen); s. S. 153. Hr. Ragsky gewann 1862 aus 16 Unzen Wasser vom Sprudel: Mühl-, Schloss-brunnen:

			Mühl-		Schloss-brunnen:
Schwefelsaures Natron	.	.	18,216	. 17,961	. 17,245 Gran.
„ Kali	.	.	1,256	. 1,717	. 1,464 „
Kohlensaures Natron	.	.	10,459	. 10,867	. 9,662 „
Chlornatrium	.	.	7,915	. 7,869	. 7,528 „
Kohlensaure Kalkerde	.	.	2,287	. 2,023	. 8,065 „
„ Bittererde	.	.	0,952	. 0,264	. 6,387 „
Kohlensaures Eisenoxydul	.	.	0,021	. 0,023	.. 0,017 „
„ Manganoxydul	.		0,004	. 0,005	. 0,005 „
Kohlensauren Strontian	.	.	0,006	. 0,006	. 0,004 „
Phosphorsaure Thonerde	.	.	0,003	. 0,002	. 0,002 „
„ Kalkerde	.	.	0,001	. 0,001	. 0,003 „
Fluorkalcium	.	.	0,027	. 0,026	. 0,029 „
Kieselerde	.	.	0,559	. 0,619	. 0,786 „
			41,709	. 41,387	. 40,152 Gran.
Freie und halbgebund. Kohlensäure			5,867	. 7,326	. 10,294 „

In 100 Gewichtstheilen des Sprudelsalzes fand Ragsky

Schwefelsaures Natron	.	. 37,695	Gew.-Theile.
Kohlensaures Natron	.	. 5,997	„
Chlornatrium	.	. 0,397	„
Wasser	.	. 55,520	„
		99,609	Gew.-Theile.

Auch einen Sauerbrunnen von + 12° R. Temperatur besitzt Karlsbad nach einem Berichte von Hrn. Fleckles junior (1866), welcher hinter der Dorotheen-Au zu Tage geht, als Erquickungsmittel genossen, zu Bädern und dessen Kohlensäuregas zu Gasbädern verwendet wird. Liter.: Mannl, 1862; Fleckles jun., 1866.

KOCHEL (Bayern); s. S. 59. Das frühere Bohrloch wurde tiefer gesenkt, um eine grössere Menge Mineralwasser zu erhalten, welcher Zweck auch erreicht worden ist. Hr. v. Pettenkofer bestätigt die Gleichheit des jetzigen Mineralwassers mit dem früheren. Inhalations-Kabinet mit einem Mineralwasser-Zerstäuber; auch Bäder von Reichenhaller Mutterlauge. Penzberg nächste Eisenbahnstation, von da mittels Post in 1¼ Stunden nach **Kochel**. Liter.: Broschüre; München, 1866.

KOENIGSWART (Böhmen); s. S. 32. Die Richard'squelle enthält in 16 Unzen Wasser nach Hrn. Lerch (1861):

Kohlensaure Kalkerde	0,285	Gran.
„ Bittererde	0,104	„
Kohlensaures Natron	0,145	„
Chlornatrium	0,034	„
Chlorkalium	0,004	„
Schwefelsaures Kali	0,023	„
Kieselsäure	0,236	„
	0,831	Gran.
Freie und halbgebundene Kohlensäure	16,193	„

Also ein höchst reiner d. i. stoffloser Säuerling wie der Sinn-berger von Brückenau, der Hermannsborner etc.

Derselbe Chemiker fand ebenfalls 1861 in 16 Unzen Wasser der

	Bade-:	Marien-:	Neu-:	Eleono-ren-:	Viktors-quelle:
Kohlens. Eisenoxydul	0,346	0,364	0,402	0,571	0,656 Gran.
„ Manganoxydul	0,012	0,016	0,019	0,027	0,032 „
„ Kalkerde	1,751	2,828	2,803	2,758	2,522 „
„ Bittererde	0,725	1,130	1,362	2,042	1,624 „
„ Natron	0,494	0,264	0,264	0,370	0,350 „
Schwefelsaures Kali	0,050	0,058	0,078	0,054	0,041 „
„ Natrum	—	0,035	—	—	— „
Chlornatrium	0,008	0,042	0,025	0,022	0,014 „
Chlorkalium	0,034	—	0,008	0,027	0,021 „
Kieselsäure	0,310	0,278	0,341	0,296	0,324 „
Phosphors. Thonerde und Arsen	S	p	u r e	n.	
	3,730	5,024	5,302	6,167	5,584 Gran.
Freie u. halbgebund. Kohlensäure	9,341	20,039	18,215	18,113	19,191 „
Wirkl. freie Kohlens.	7,851	18,032	15,943	15,182	16,881 „

Königswart liegt am südlichen Abhange bewaldeter Hügel 1¼ Meile von Marienbad 2335' ü. M. Neues Kurhaus; Parkanlagen. Saison von Mitte Juni bis September. Liter.: Wantsch, 1857.

KONDRAU (Bayern); s. S. 229. Hr. G. Tschermak erhielt 1858 im chemischen Laboratorium des Hrn. Redtenbacher zu Wien von 16 Unzen Wasser der drei 1508' ü. M. zu Tage gehenden Quellen

Chlornatrium	14,421	Gran.
Kohlensaures Natron . . .	4,078	„
Zweifach kohlensaure Kalkerde .	4,835	„
„ „ „ Bittererde .	2,602	„
„ „ Eisenoxydul	0,189	„
Schwefelsaures Natron . . .	1,195	„
„ Kali . . .	0,785	„
Kieselsäure	0,168	„
Phosphorsaure Thonerde . .	0,070	„
	27,803	Gran.
Freie Kohlensäure . . .	14,903	„

Seit 1862 ein mit drei Zimmern in der Nähe der Quellen erbautes Badhäuschen. Waldsassen Eisenbahnhaltstelle, von da noch eine Viertelstunde zum Brunnen. Liter.: Besnard, 1866.

KÖSEN (Preussen); s. S. 214. Das Wasser der Soolquelle von dem ehemaligen Salzwerke hat + 14° R. Wärme. Kösen ist nun eine königliche Soolbadanstalt mit den besten Einrichtungen und sehr besucht. Wellenbad in der Saale; Molken und Trauben, welche an den umliegenden Hängen wachsen; in Hrn. Dr. Grodeck's Anstalt künstliche Schwängerung der Soole mit Kohlensäure; Struve'sche Trinkanstalt.

LANDECK (Preussen); s. S. 108. Hr. L. Meyer fand 1863 in 16 Unzen Wasser von der

	Geor-gen-:	Maria-nen-:	Marien-:	Wiesen-quelle:
Natriumsulfhydrat . .	0,009 .	0,015 .	0,009 .	0,008 Gran.
Schwefelsaures Natron .	0,528 .	0,559 .	0,586 .	0,631 „
Kohlensaures Natron . .	0,453 .	0,464 .	0,500 .	0,558 „
„ Kalkerde .	0,022 .	0,051 .	0,048 .	0,057 „
„ Bittererde .	0,002 .	0,008 .	0,008 .	0,005 „
Ueberschüssige Kohlensäure .	0,072 .	0,067 .	0,028 .	0,005 „
Kieselsäure	0,260 .	0,303 .	0,303 .	0,334 „
Chlornatrium . . .	0,047 .	0,048 .	0,060 .	0,055 „
Chlorkalium	0,017 .	0,019 .	0,027 .	0,023 „
.	1,410 .	1,534 .	1,569 .	1,674 Gran.

Freier Schwefelwasserstoff . 0,005 . 0,005 . 0,006 . 0,009 Gran.
Absorbirten Stickstoff bei 0°
u. mittl. Barometerstand . 0,320 . 0,338 . 0,302 . 0,339 „
Liter.: Bannerth, 1860.

LIMMER (Preussen); s. S. 86. Die drei Kurgebäude befinden sich südlich vom Dorf auf einer sanften Erhebung in einem hochstämmigen Buchenhaine mit vier Quellen, von denen die Trink- und Bassinquelle hauptsächlich benützt werden. Hr. Kraut fand 1860 in 16 Unzen Wasser der letztern

Kohlensaure Kalkerde .	. 2,114	Gran.
Schwefelsaure Kalkerde	. 0,592	„
„ Bittererde	. 1,902	„
„ Natron .	. 0,379	„
Chlornatrium . .	. 1,163	„
Chlorkalium . . .	. 0,061	„
Kohlensaures Eisenoxydul	. 0,003	„
Kieselsäure . . .	. 0,070	„
	6,284	Gran.
Freie Kohlensäure .	. 1,556	„
Schwefelwasserstoff .	. 0,096	„

Die Trinkquelle ist etwas schwächer an Schwefelwasserstoff. Zusätze zu den Bädern von der ⅓ Stunde südlich entfernten Egestorffhaller Soole, die nach Leussen in 16 Unzen 2042,162 Gran fester Stoffe enthält, und zwar 1947,863 Chlornatrium, 27,863 Chlorkalium, 11,368 Chlormagnium, 0,142 Brommagnium, 32,746 schwefelsaurer Bittererde, 22,089 schwefelsaurer Kalkerde u. 0,090 kohlensauren Eisenoxyduls. Liter.: Dürr, 1863.

LIPIK (Slavonien); s. S. 80. Hr. Kauer fand 1862 in 16 Unzen Wasser von dem

	Bischoffs-:	Extra-:	Csar'daten-:	Allgemein-Bad:
Jodnatrium . . .	0,029 .	0,029 .	0,030 .	0,031 Gran.
Kohlensaures Natron .	9,455 .	9,507 .	9,246 .	9,657 „
„ Kalkerde	0,960 .	1,113 .	1,016 .	1,002 „
„ Bittererde	0,400 .	0,377 .	0,422 .	0,400 „
Chlornatrium .	5,008 .	5,032 .	5,042 .	5,065 „
Schwefelsaures Natron	1,635 .	1,662 .	1,639 .	1,450 „
„ Kali .	1,508 .	1,443 .	1,483 .	1,508 „

Eisenoxyd u. Thonerde .	0,038	.	0,023	.	0,025	.	0,030 Gran.
Kieselsäure . . .	0,364	.	0,322	.	0,334	.	0,387 „
	19,397	.	19,508	.	19,286	.	19,508 Gran.
Gans u. halbgebundene							
Kohlensäure . .	9,116	.	9,258	.	9,018	.	9,324 „
Freie Kohlensäure .	1,275	.	1,344	.	2,471	.	1,844 „

In dem entweichenden Gase sind 44,5 Volumen Kohlensäure, 55,5 Vol. Stickstoff und Spuren von Schwefelwasserstoff enthalten. Dieser Analyse gemäss sind obige Mineralwasser also den Säuerlingen gar nicht einzureihen. Im Bischoffsbad auch Wannenbäder, dessen Wasser ferner ebenfalls als Trinkquelle dient.

LIPPSPRINGE (Preussen); s. S. 29. Auch eine erdig-salinische Schwefelquelle, deren Wasser den Schwefelwasserstoff fest gebunden hält, geht beim Badhause zu Tage. Das Kurhaus selbst mit 180 Zimmern im gesundesten Theile des Marktes und in unmittelbarer Nähe der Quelle, des Badhauses und der Promenade. Der Markt liegt auf einer grossen sandigen Ebene. Das auf 1½ Stunden Entfernung halbkreisförmig umschliessende Teutoburger Gebirge, 500—800' über der Fläche der Senne, schützt den Kurort gegen Norden, Osten und Südost. Die in grosser Anzahl entspringenden Quellen und Bäche, deren Zusammenfluss den Jordan und die Lippe, welche sich bei Lippspringe vereinigen, bildet und welche sämmtlich eine Menge Stickgas ausströmen, geben der nächsten Umgebung eine stets mit Wasserdünsten und Stickgas erfüllte Atmosphäre, der westlich begrenzende trokene Sandboden, Senne genannt, mit seinen dünenartigen Erhöhungen und Mulden einen grossen Theil des aufgenommenen Wärmestoffs ab; daher auch das Klima feuchtmild ohne auffälligen raschen Temperaturwechsel. Saison vom 15. Mai bis 15. September. Der Kurhausomnibus geht täglich zweimal von der Station Paderborn ab. Liter.: Fischer, 1862; Weber, 1863.

MARIENBAD (Böhmen); s. S. 38, 160 u. 290. Hr. Ragsky analysirte 1861 den Ambrosius- und Karolinenbrunnen, 1864 die Waldquelle, und erhielt aus 16 Unzen Wasser von dem

	Ambrosius-:	Karolinen-brunnen:	der Waldquelle:
Kohlensaures Eisenoxydul .	0,387	. 0,310	. 0,197 Gran.
„ Manganoxydul .	0,022	: 0,028	. Spuren.

Schwefelsaures Natron	.	.	1,451	.	2,785	.	8,153 Gran.
„ Kali	.	.	—	.	0,012	.	1,496 „
Kohlensaures Natron	.	.	0,736	.	1,963	.	7,673 „
„ Lithion	.	.	—	.	0,004	.	0,041 „
„ Kalkerde	.	.	0,862	.	3,556	.	2,928 „
„ Bittererde	.	.	0,848	.	1,394	.	3,011 „
Chlornatrium	.	.	.	0,383	.	0,844	. 2,821 „
Basisch phosphorsaure Kalkerde	0,010	.	0,012	.	0,074 „
Kieselerde	.	.	.	0,361	.	0,536	. 0,778 „
Lösliche organische Materie	.	Spuren	.	0,131	.	0,073 „
Verlust	.	.	.	—	.	0,048	. — „

	6,026	.	11,628	. 27,185 Gran.
Freie u. halbgebund. Kohlen-säure	15,847	.	16,637	. 12,941 „
Temperatur bei 8° R. Luftwärme + 5,6°	.	+6°	. +6° R.

Der Ambrosius- und Karolinenbrunnen sind daher zwei kräftige erdig-salinische Eisensäuerlinge, ersterer besonders rein. Durch diese neuen Quellen ist der Heilapparat von Marienbad bedeutend verstärkt, noch mehr durch die 1866 erbohrte und von Hrn. Lerch analysirte Rudolf'squelle, deren erdiger Eisensäuerling in 16 Unzen Wasser enthält

Zweifach kohlensaures Eisenoxydul	.	0,319 Gran.
„ „ Manganoxydul	.	0,057 „
„ „ Kalkerde	.	.	8,574 „
„ „ Bittererde	.	5,748 „
„ „ Natron	.	.	1,076 „
Schwefelsaures Natron	.	.	.	.	0,810 „
„ Kali	.	.	.	.	0,173 „
Chlornatrium	.	.	.	.	0,450 „
Basisch phosphorsaure Thonerde	.	.	0,026 „
Kieselsäure	.	.	.	.	0,097 „
Lithion, Strontian, Arsen	.	.	. geringe Mengen.

	17,330 Gran.
Freie Kohlensäure	. . .	9,340 „

Offene Trinkhalle; Ziegenmolke. Liter.: Kratzmann, 1866.

MERGENTHEIM (Württemberg); s. S. 228. Der Kurort liegt etwa 1200 Schritte östlich vom Städtchen und 300 von der Tauber entfernt am rechten Flussufer am Fuss eines Rebenhügels. Sehr geräumige mit Glas bedachte Trinkhalle, welche mit den Kurgebäuden durch geschlossene Gänge in Verbindung steht; Molken; Trauben; drei angebaute Logirhäuser; Gartenanlagen mit dem Schlossparke beim Städtchen zusammenhängend. Liter.: H ö r i n g sen., 1861.

MUENSTER AM STEIN (Preussen); s. S. 212. Nach einer Mittheilung von Hrn. Dr. S c h r ö d e r im Bd. XI der balneol. Zeitung, S. 138 lautet die M o h r'sche Analyse:

Jodnatrium	0,0004	Gran.
Bromnatrium	0,664	„
Chlornatrium	60,999	„
Chlorkalcium	11,083	„
Chlormagnesium	1,471	„
Chlorkalium	1,342	„
Kohlensaure Kalkerde	1,123	„
„ Eisenoxydul	1,034	„
Kieselerde	0,008	„
	77,7244	Gran.

Die Mutterlauge dient zur Bereitung des käuflichen K r e u z - n a c h er Mutterlaugensalzes. Nach Hrn. M o h r enthalten 16 Unzen jener

Jodnatrium	unbestimmte	Menge,
Bromnatrium	65,971	Gran.
Chlorkalcium	2014,080	„
Chlormagnesium	278,539	„
Chlorkalium	130,864	„
Chlornatrium	122,266	„
	2611,720	Gran.

Dorf und Badanstalt mit 14 Kabineten liegen malerisch im N a h e t h a l am Fusse des R h e i n g r a f e n s t e i n s , der E b e r n b u r g und des R o t h e n f e l s e s ; Gradirhäuser; ländliches, gemüthliches Stillleben; billige Preise in guten Gasthöfen und Privatwohnungen. Saison vom 1. Mai an. M ü n s t e r a m S t e i n Haltstelle der Rhein-Nahe Eisenbahn; in 10 Minuten nach K r e u z n a c h . In K r e u z - n a c h selbst ist ein „Institut für Hautleidende" errichtet worden. An neuerer Literatur sind die Schriften erschienen von P r i e g e r jun., 1861; G e n z m e r , 1862; S c h n e e g a n s , 1862.

NAUHEIM (Preussen); s. S. 239. Neues prachtvolles Kurhaus innerhalb umfangreicher Parkanlagen. Fahrzeit von F r a n k f u r t a. M. aus 55 Minuten. Liter.: B e n e k e , 1861.

NIEDERSELTERS (Preussen); s. S. 230. Das Wasser dieser 1800' n. M. zu Tage kommenden Quelle enthält ·nach Hrn. Fresenius' Analyse vom 1863 in 16 Unzen

Chlornatrium	. . . . .	17,930	Gran.
Chlorkalium	. . . . .	0,135	„
Bromnatrium	. . . .	0,0069	„
Jodnatrium .	. . . .	0,0002	„
Doppelt kohlensaures Natron	. .	9,497	„
„ „ Ammon	. .	0,053	„
„ „ Lithion	. .	0,038	„
„ - „ Kalkerde	. .	3,409	„
„ „ Bittererde	.	2,366	„
„ „ Strontian	. .	0,022	„
„ „ Schwererde ~ .		0,002	„
„ „ Eisenoxydul	.	0,032	„
„ „ Manganoxydul	.	0,005	„
Schwefelsaures Kali	. . . .	0,356	„
„ Natron	. . .	0,002	„
Salpetersaures Natron	. . .	0,047	„
Phosphorsaures Natron	. . .	0,002	„
„ Thonerde	. . .	0,003	„
Kieselerde	. . . . .	0,163	„
Suspend. Ockerflöckchen	. .	0,012	„
		34,0821	Gran.
Völlig freie Kohlensäure	. . .	17,168	„
Stickgas	. . . . .	0,031	„

OBERSALZBRUNN (Preussen); s. S. 68. Hr. W. Valentiner analysirte 1865 und 1866 im Städeler'schen chemischen Laboratorium zu Zürich den Mühl- und Oberbrunnen, deren Wasser in 16 Unzen ergab:

			Mühl-:		Oberbrunnen:	
Zweifach kohlensaures Natron		.	13,849	.	18,616	Gran.
„ „ Lithion		.	0,059	.	0,105	„
„ „ Bittererde		.	4,472	.	3,874	„
„ „ Kalkerde		.	4,487	.	3,673	„
„ „ Strontian		.	0,067	.	0,035	„
„ „ Eisenoxydul			0,008	.	0,003	„
Schwefelsaures Natron		. . .	2,617	.	3,665	„
„ Kali		. . .	0,082	.	0,206	„
Chlornatrium .		. . .	0,658	.	1,320	„

Kieselsäure	0,248	.	0,196 Gran.
Thonerde und Phosphorsäure	. 0,002	.	0,004 „

26,529 . 31,697 Gran.

Freie Kohlensäure . . . . . 9,491 . 9,546 „

Im Jahre 1861 errichtete Dr. Str**a**hler einen heilgymnasti-
schen Kursaal. Liter.: Valentiner, 1865.

OBERTIEFENBACH (Bayern); s. S. 111. Hr. M. Zängerle
gewann 1863 aus 16 Unzen Wasser

Jodnatrium	. . . . .	0,002	Gran.
Doppelt kohlensaures Natron	. .	3,754	„
„ „ Lithion	. .	0,009	„
„ „ Kalkerde	.	0,182	„
„ „ Bittererde	.	0,135	„
Chlornatrium	. . . .	0,200	„
Chlorkalium	. . . . .	0,041	„
Kieselsäure	. . . . .	0,051	„
Humusartig organische Substanz	.	0,171	„

5,857 Gran.

Gebundene Kohlensäure .	. .	1,207	„
Freie Kohlensäure .	. . .	1,804	„
Schwefelwasserstoff .	. . .	0,008	„

OFEN (Ungarn); s. S. 33. Das Kaiserbad ist mit aller
städtischen Pracht neu eingerichtet, hat Einzeln-, Becken- und türki-
sche Bäder, ein ausgezeichnetes grosses Dampfbad, eine gedeckte
Damen- und Herrenschwimmschule, erstere mit 24, letztere mit 22° R.
warmen Wassers; ausserdem täglich frische Molke von der Mar-
garethen-Insel, zu welcher ihrer reizenden Lage halber auch
Wasserfahrten von den Kurgästen gemacht werden; Promenaden in
Hallen und im Park an der Donau; Gelegenheiten zu Ausflügen in's
Gebirge; treffliche Kurmusik etc.

ORB (Preussen); s. S. 233. Das Kurhaus 1861 theilweis
umgebaut; neue Einrichtungen; freundlicher Garten. Liter.: Sin-
ger, 1840.

PADERBORN (Preussen); s. S. 186 und 252. Nach Hrn. Ca-
rius (1864) enthalten 16 Unzen Wasser von der

	Utilien-,	Bade-,	Marienquelle
Chlornatrium	5,923	5,901	0,484 Gran.
Chlorkalium	0,224	0,227	0,082 „
Chlorkalcium	0,213	0,276	0,010 „
Chlorlithium	0,0007	Spur	— „
Zweifach kolensaure Kalkerde . . .	3,484	3,448	2,497 „
„ „ Bittererde . .	0,428	0,424	0,177 „
Schwefelsaure Kalkerde	0,658	0,638	0,310 „
„ Schwererde . . .	0,0004	Spur	— „
Dreibasisch phosphorsaure Kalkerde .	0,002	Spur	0,012 „
Zweifach kohlensaures Eisenoxydul . .	0,035	0,034	0,369 „
„ „ Manganoxydul .	0,006	Spur	0,048 „
Thonerde	0,007	0,074	0,003 „
Kieselsäure	0,132	0,135	0,109 „
	11,1131	11,157	4,049 Gran.
Freien Stickstoff bei 0° R. und 760 Bmm.	0,273	0,260	0,092 „
Freie Kohlensäure	0,909	0,870	0,229 „
Freien Sauerstoff	0,051	0,046	0,018 „

In Volumenprocenten sind die Gase der zwei ersten Quellen zusammengesetzt aus Stickstoffgas 30,37 und 30,31; aus Kohlensäuregas 64,45 und 64,49; aus Sauerstoffgas 4,98 und 4,70.

PETERSTHAL (Baden); s. S. 291. Wie in Rippoldsau eine Natroine, hat man hier aus der Salzquelle durch Vermehrung ihrer salinischen Bestandtheile die Magnesine geschaffen, eine klare, stark perlende, angenehm schmeckende Flüssigkeit, die im badischen Pfunde d. i. 7680 Gran = 16 Unzen enthält:

Schwefelsaures Natron . .	32,977 Gran.
„ Magnesia . .	29,400 „
„ Kali . . .	0,603 „
Chlornatrium	20,350 „
Doppelt kohlensaures Natron .	12,424 „
„ „ Kalkerde .	11,560 „
„ „ Bittererde .	4,485 „
„ „ Eisenoxydul	0,346 „
„ „ Lithion .	0,022 „
Phosphorsaure Thonerde . .	0,680 „
	112,894 Gran.

Freie Kohlensäuren . . . „2 Volum. etwa 60 K. Z.", d. i. bei Petersthal's Höhenlage von 1190' ü. M. und gewöhnlicher Quellen-Temperatur . . 26,991 Gran.

PYRAWARTH (Niederösterreich); s. S. 255. Nach Hrn. K l e t - z i n s k y's Analyse vom Jahr 1861 enthalten 16 Unzen Wasser on + 9° R. Temperatur

Doppelt kohlensaures Eisenoxydul	.	0,871	Gran.
„ „ Kalkerde	.	1,632	„
„ „ Bittererde	.	1,215	„
„ „ Natron	. .	3,676	„
Schwefelsaure Kalkerde	. . .	3,082	„
„ Bittererde	. . .	1,980	„
„ Natron	. . .	1,951	„
Chlornatrium	. . . . .	0,233	„
Kieselsäure	. . . . .	0,134	„
Organische Substanzen	. . .	0,048	„

14,822 Gran.

Freie Kohlensäure . . . . . 0,611 „

Wannen von Porzellan; auch ein Vollbad; Kursalon; Molken; neue Parkanlagen und Alleen; schöne Spatzirgänge und Ausflugspunkte. — In G ä n s e r n d o r f stehen Omnibus und Equipagen der dortigen Lohnkutscher bereit. Liter. H i r s c h f e l d, 2. Aflg. 1863.

PYRMONT's Salzquellen (Waldeck; s. S. 224 u. 229) auf der Saline oder dem Salzwerk kommen gegen 30 Minuten von der Stadt entfernt an beiden Ufern der E m m e r 404' ü. M. zu Tage. Nach Hrn. W i g g e r s Analyse von 1862 enthalten 16 Unzen Wasser von der

	Trink-	Bade-	neu erbohrten Quelle:
Chlornatrium	64,201 .	73,241 .	245,612 Gran.
Chlormagnium . . .	— .	4,515 .	10,265 „
Chlorlithium	0,048 .	0,006 .	0,007 „
Doppelt kohlensaure Kalkerde	12,948 .	8,939 .	12,509 „
„ „ Bittererde	0,192 .	0,182 .	0,034 „
Schwefelsaure Kalkerde . .	6,190 .	20,112 .	41,520 „
Schwefelsaures Natron . .	0,926 .	— .	— „
„ Kali . . .	0,013 .	0,011 .	— „
Schwefelsaure Bittererde . .	7,445 .	2,195 .	0,307 „
Doppelt kohlens. Eisenoxydul .	— .	— .	0,462 „
„ „ Manganoxydul	0,159 .	0,097 .	0,054 „
Kieselerde	0,035 .	0,041 .	0,005 „
Thonerde	0,001 .	0,001 .	0,002 „
	82,178 .	109,340 .	310,978 Gran.
Freie Kohlensäure . . .	13,927 .	9,754 .	5,161 „
Temperatur . . .	+8,75° R.	+10° R.	+12° R.

Dillerich, allg. Balneologie.

3

Die beiden ersten Quellen sind also nach meinem Systeme **erdige** Kochsalzsäuerlinge, die letztere ein **erdig-eisenhaltiger.**

Die **Chalybokrenen Pyrmont's** (s. S. 293) analysirte 1864 Hr. **Fresenius** und bekam aus 16 Unzen Wasser von der

			Helenen-	Bade-	Trinkquelle:
Zweifach kohlens.	Eisenoxydul	.	0,282 .	0,571 .	0,591 Gran.
„	„ Manganoxydul	.	0,026 .	0,057 .	0,048 „
„	„ Kalkerde .	.	7,709 .	9,577 .	8,040 „
„	„ Bittererde .	.	0,584 .	0,098 .	0,616 „
Schwefelsaure Kalkerde .		.	7,528 .	6,557 .	6,090 „
Phosphorsaure	„ .	.	0,002 .	0,003 .	0,0004 „
Schwefelsaure Bittererde		.	3,779 .	4,639 .	3,481 „
„	Natron .	.	0,287 .	0,335 .	0,322 „
„	Kali .	.	0,118 .	0,130 .	0,127 „
„	Strontian	.	0,033 .	0,061 .	0,028 „
„	Baryt .	.	Spur .	0,002 .	0,002 „
Jodnatrium .	. .	.	„ .	Spur .	0,0001 „
Bromnatrium .	. .	.	0,0003 .	0,0005 .	0,0006 „
Chlornatrium .	. .	.	1,339 .	1,390 .	1,220 „
Chlorammonium .	. .	.	0,026 .	0,022 .	0,016 „
Chlorlithium .	. .	.	0,005 .	0,002 .	0,008 „
Salpetersaures Natron .	.	.	0,005 .	0,003 .	0,001 „
Kieselsäure .	. .	.	0,238 .	0,275 .	0,244 „
			21,9610 .	23,7247 .	20,8357 Gran.
Völlig freie Kohlensäure		.	18,790 .	19,085 .	18,396 „
Temperatur .	. .	.	$+10,16^{\circ}$ R.	$+10,16^{\circ}$ R.	$+9,6^{\circ}$ R.

In dem Ocker der **Helenenquelle** fand sich überdiess 0,330; in dem der **Badequelle**, früher **Brodelbrunnen** genannt, 0,311; in dem von der **Trinkquelle** 0,063 pCt. Arsensäure. Russisches Dampfbad; Dampfheizung der Wannenbäder.

RABKA (Westgalizien), Marktflecken in einer romantischen Gegend des karpatischen Mittelgebirges, 1547 W. F. ü. M., mit dem seit 1863 errichteten Bad und mehreren Quellen. Nach der von Hrn. A. **Alexandrowicz** zu Kraķau im genannten Jahre vorgenommenen Zerlegung enthalten 16 Unzen Wasser von der

			Raphaels-	Krakus-	Marienquelle:
Bromnatrium	. .	.	0,500 .	0,560 .	0,567 Gran.
Jodnatrium .	. .	.	0,291 .	0,352 .	0,350 „
Chlornatrium .	. .	.	176,519 .	176,320 .	176,519 „

Chlorkalium	0,729	.	0,669	.	0,999	Gran.
Kohlensaures Natrum . .	6,698	.	5,996	.	6,167	„
„ Lithium . .	0,125	.	0,133	.	0,122	„
„ Kalkerde . .	2,422	.	2,596	.	2,144	„
„ Bittererde .	1,293	.	1,430	.	0,651	„
„ Schwererde .	0,038	.	0,037	.	0,037	„
„ Eisenoxydul .	0,017	.	0,023	.	0,018	„
„ Manganoxydul .	0,006	.	0,007	.	0,006	„
Schwefelsaures Kali . .	0,581	.	0,616	.	0,225	„
Phosphorsaure Thonerde .	0,026	.	0,028	.	0,024	„
Kieselsäure	0,182	.	0,173	.	0,194	„
	189,427	.	188,940	.	188,021	Gran.
Halbgebundene Kohlensäure .	4,616	.	4,679	.	3,935	„
Völlig freie Kohlensäure .	1,114	.	0,578	.	1,065	„
Sumpfgas	0,260	.	0,218	.	0,231	„
Stickstoff	0,085	.	0,072	.	0,076	„

Das Wasser hat viel Aehnlichkeit mit jenem der Adolheids-Quelle, aber höhere Ziffern an Brom, Jod und Chlornatrium. Schönes einstöckiges Kurhaus am Saum eines Waldes mit 20 Badekabineten und theilweise Porzellanwannen, mit Salon, mit geschmackvoll überbauten Quellen und mit umgebenden Wohngebäuden; schöne alleenartige Spatzirgänge. Liter.: Broschüre; Krakau 1867.

RAPPENAU (Baden); s. S. 185. Hr. Bunsen erhielt 1862 aus 16 Unzen Wasser vom Bohrloch Nr. 4:

Chlornatrium	1976,862	Gran.
Chlorkalium	9,569	„
Chlorkalcium	5,302	„
Chlormagnesium . . .	8,822	„
Chlorlithium	0,003	„
Chlorrubidium	0,001	„
Bromkalium	0,004	„
Schwefelsaure Kalkerde . .	13,985	„
Kohlensaure Kalkerde . .	1,655	„
„ Bittererde . .	0,098	„
„ Strontian . .	0,091	„
„ Eisenoxydul .	0,033	„
Borsaure Bittererde . .	0,003	„
Kieselerde	0,050	„
Thonerde	0,014	„
	2011,392	Gran.

Freie Kohlensäure . . . . 0,518 Gran.
Stickstoff . . . . . 0,137 „
Sauerstoff . . . . . 0,059 „

Das frei aus dem Bohrloch in feinen Bläschen aufsteigende Gas besteht in 100 Vol.-Theilen aus 88,12 Stickstoff, 9,42 Sauerstoff u. 2,46 Kohlensäure.

REHBURG (Preussen); s. S. 39. Gut eingerichtete Bad- und Doucheanstalt; auch Soole von der L a n d w e h r; massive Säulen-Halle zwischen dem Molken- und Konversationssale; schattenreiche Lindenalleen und reizende Promenaden im Waldgebiete des „Rehburger Berges". — W u n s t o r f Eisenbahn - Knotenpunkt, von da noch zwei Meilen zum Kurort; Postomnibus.

REICHENHALL (Bayern); s. S. 201. Hr. G. v o n L i e b i g, Bezirks- und Salinenarzt in diesem Städtchen, hat eine der zahlreichen dortigen niederprocentigen Salzquellen zum Kurgebrauche beigezogen und ihr Wasser im chemischen Laboratorium seines berühmten Vaters 1862 analysiren lassen. Sechzehn Unzen enthalten

Chlornatrium . . . . 61,440 Gran.
Chlormagnesium . . . . 1,400 „
Chlorkalium . . . . 0,410 „
Schwefelsaures Kali . . . 3,560 „
Schwefelsaure Kalkerde . . 1,370 „
Kohlensaure Kalkerde . . 1,500 „
„ Bittererde . . 0,410 „
Eisenoxyd und Thonerde . . 0,020 „
Kieselsäure . . . . 0,040 „
_____
70,150 Gran.

Die Mutterlauge R e i c h e n h a l l's analysirte 1859 Hr. J. Vol-hard im v o n L i e b i g'schen Laboratorium, und ergaben 16 Unzen

Jodnatrium . . . . . 0,05 Gran.
Bromnatrium . . . . 54,55 „
Chlormagnesium . . . . 2045,04 „
Chlorkalium . . . . 189,32 „
Chlornatrium . . . . 157,76 „
Chlorlithium . . . . 4,17 „
Schwefelsaure Bittererde . . 170,83 „
_____
3121,72 Gran.

Diese Mutterlauge wird in der chemischen Fabrik H e u f e l d, einer Station der M ü n c h e n - S a l z b u r g e r Eisenbahn, zum Salz eingedampft, und unter der Bezeichnung Reichenhaller-Mutter-laugen-Extrakt in den Handel gebracht. Dasselbe enthält die doppelte Menge der oben angeführten Salze, nämlich 68 pCt. fester Bestandtheile nebst 32 pCt. Wasser. Ausser der Anstalt Achselmannstein und Kirchberg bestehen noch die Trink- und Bad-Anstalten wie Logirhäuser von HH. Dr. Hess, Gebrüder Mack und Pelzhändler Wassermann; Strudel- und Wellenbäder; in Kirchberg auch Flussbäder und Kaltwasseranstalt; in der Mack'schen drei Inhalationssäle mit einem Zerstäubungs-Apparat und drei Kabinete zur Anwendung gepresster Luft. Neue Alleen und Parkanlagen. Reichenhall Eisenbahnstation. Liter. G. von Liebig, 1865.

ROSENHEIM (Bayern); s. S. 123. Der frühere Marktflecken ist zur Stadt erweitert, die Moore der Umgebung sind entsumpft und in dreimähtige Wiesen verwandelt worden und der Kurort nördlich vom Städtchen in den Besitz eines sehr unternehmenden wie thätigen Mannes, Herrn Karl Lehr, gekommen, welcher die ganze Anstalt sammt ihrem grossen Garten völlig veränderte, so dass sie allen Anforderungen der Wissenschaft und des Komfort entspricht: Vier steigende und fallende Douchen; Kuh- und Ziegenmolken; Kräuter-Säfte; Kiefernadelbäder; auswärtige Mineralwasser; neu angelegte Alleen in der Umgebung des Badorts; zahlreiche, wirklich prachtvolle Ausflugspunkte; billigste Preise. Eine neue Analsyse des ausgezeichneten Mineralwassers wird eben vorgenommen.

ROTHENBURG (Bayern); s. S. 48. Freiherr von Bibra analysirte 1863 die Gyps-Quelle, welche aus 16 Unzen Wasser von $+9,20^0$ R. lieferte:

Schwefelsaure Kalkerde . .	8,451	Gran.
Kohlensaure Kalkerde . .	0,998	„
Kohlensaure Bittererde . .	0,083	„
Kohlensaures Eisenoxydul .	0,088	„
Schwefelsaures Natron . .	1,119	„
„ Kali . . .	0,919	„
Schwefelsaure Bittererde . .	0,654	„
Chlormagnesium	0,180	„
Kieselsäure	0,084	„
	12,576	Gran.
Halb gebundene u. freie Kohlensäure	1,158	„
Schwefelwasserstoff . . .	0,139	„

Obiger Analyse zufolge muss dieses Mineralwasser im Systeme den erdig-salinischen Schwefelwassern zugezählt werden. Nächste Haltstelle der Ansbach-Würzburger Eisenbahn Steinach, von da noch vier Stunden nach dem ehemaligen Reichsstädtchen.

SALZHAUSEN (Hessen); s. S. 207. Die angegebene Analyse ist jene von 1825; die von Liebig'sche dagegen lautet:

Chlornatrium	72,445	Gran.
Chlormagnesium	6,144	„
Chlorkalcium	0,668	„
Schwefelsaure Kalkerde	6,167	„
Kohlensaure Kalkerde	4,355	„
Kohlensaures Eisenoxydul	0,123	„
Kieselerde	0,084	„
	89,989	Gran.
Freie Kohlensäure	1,536	„

SALZSCHLIRF (Preussen); s. S. 232. Der Kurort liegt zwei Stunden von Lauterbach 749′ ü. M., von steilen Bergen eingeschlossen. Die Quellen sind erbohrt worden, die letzte eine muriatisch-erdige Schwefelwasserstoffquelle 1858, und von Hrn. Apotheker Dannenberg analysirt. Ihm gaben 16 Unzen ihres Wassers:

Chlornatrium	9,454	Gran.
Chlormagnesium	0,831	„
Schwefelsaure Kalkerde	4,108	„
Kohlensaure Kalkerde	3,243	„
„ Bittererde	0,121	„
Kohlensaures Natron	2,071	„
„ Eisenoxydul	0,211	„
Schwefelsaures Natron	0,463	„
„ Kali	0,426	„
Phosphorsaures Natron	0,290	„
Organische Substanz	0,217	„
	21,375	Gran.
Freie Kohlensäure	5,624	„
Stickstoffgas	0,312	„
Schwefelwasserstoff	0,074	„

Herr Leber fand im Bonifaciusbrunnen neuerdings noch 0,182 Gran Chlorlithium, welche Decimalen er früher zur Bittererde und zum Kalke gerechnet hatte. Der Neubrunnen führt auch den

Namen Kinderbrunnen. Der Bonifaciusbrunnen wird durch Ab-
dampfen koncentrirt, auch so ein trockenes Badesalz erzeugt. Der
Kurort seit 1860 Staatseigenthum; neue Parkanlagen; mittlere Sommer-
Temperatur $+ 14,40^0$ R.; entzückende Fernsichten; Waldpartieen.
Liter. Ditterich, 1863.

SALZUNGEN (Sachsen-Meiningen); s. S. 189. Sechzehn Unzen
Wasser enthalten von der

	Trinkquelle nach Hrn. Hoffmann 1861:	dem 2. .	3. Bohrloch nach Hrn. Wöhler 1859:	. v.d. Mutterlauge
Chlornatrium . .	91,390 .	1970,634 .	319,867 .	749,689 Gran.
Chlormagnium . .	1,761 .	20,910 .	6,165 .	1821,144 „
Chlorkalcium . .	10,238 .	5,592 .	3,633 Chlor-kalium	222,546 „
Brommagnium . .	0,273 .	0,262 .	Spur .	21,432 „
Schwefelsaure Kalkerde	1,818 .	27,219 .	6,364 .	— „
Kohlensaure Kalkerde	1,553 .	0,533 .	1,238 .	— „
„ Bittererde	0,106 .	0,274 .	0,335 .	— „
Kohlensaur. Eisenoxydul	0,023 .	0,058 .	0,091 .	— „
Schwefelsaures Kali .	0,770 .	6,639 .	2,698 .	91,313 „
Schwefelsaure Bittererde	— .	3,606 .	— .	— „
Kieselerde . . .	— .	0,058 .	Spur .	— „
	107,932 .	2035,785 .	343,381 .	2406,124 Gran.

Die Kohlensäure wird der mit etwas destillirtem Wasser ver-
dünnten Trinkquelle künstlich eingepresst, so dass 16 Unzen ihres
Wassers 25,196 Gran freier Kohlensäure fassen. Von letzterer enthalten ferner das Wasser vom 2. Bohrloch 3,494, vom 3. aber nur
1,890 K.Z., also gegen 2 und 1 Gran. Das Kurhaus, d. i. Logir-
und Speisehaus, liegt malerisch an einem kleinen See mit der Fronte
gegen Osten, um den sich Parkanlagen ziehen; das Badehaus etwa
fünf Minuten nördlich von diesem mit 30 Kabineten zu Soolen-,
Schlamm- und Dampfbädern; neben diesem wieder nördlich ein Gra-
dirhaus mit gedeckten und gegen Zugluft geschützten Gängen zum
Einathmen des Salzwasserdunstes. Mildes Klima; meist Wehen des
SW.; gegen Norden Schutz durch das Thüringer Waldgebirge; zahlreiche freundliche Privatwohnungen. — Salzungen Haltstelle der
Werrabahn.

SCHINZNACH (Schweiz); s. S. 115. Das neue Badhaus ist mit
dem Logir- und Speisehause durch einen gedeckten und geschlos-
senen Gang brückenförmig verbunden. Ober dem alten Badhaus ein
Trinksaal von 14 Schritten Breite und 33 Länge mit Bretterboden.

Drei Einathmungs-Zimmer. An der Ostseite des Kurhauses ein Arkadengang als Wandelbahn von 7 Schritten Breite und 85 Länge. Zehn Minuten oberhalb dem Bad Eisenbahnhaltstelle. Liter. Amsler, 1860.

SODEN (Bayern); s. S. 206. Zwei Kurgebäude sind im Sommer 1860 vom Besitzer, Hrn. Moldenhauer, aufgeführt worden, nämlich eine Restauration und eine Badanstalt, „welche bescheidenen Ansprüchen entsprechen". Trinkhalle mit Parkanlagen um dieselbe; mildes Klima; Saison vom 15. Mai an.

SODEN am Taunus (Preussen); s. S. 225. Der 1857 erbohrte Soolensprudel lieferte dem Analytiker, Hrn. Casselmann, 1861 in 16 Unzen Wasser:

Chlornatrium	111,828 Gran.
Chlorkalium	4,425 „
Chlormagnesium	1,150 „
Chlorammonium	0,226 „
Chlorlithium	0,019 „
Brommagnesium	0,010 „
Kohlensaure Kalkerde . . .	9,950 „
„ Bittererde . . .	0,581 „
„ Eisenoxydul . .	0,510 „
„ Manganoxydul . .	0,055 „
Schwefelsaure Kalkerde . . .	0,836 „
Kieselerde	0,215 „
Phosphorsäure	0,001 „
	129,806 Gran.
Freie Kohlensäure	12,205 „

Liter.: Grossmann, 1862, 2. Aflg.; Thilenius, 1865.

SULZBRUNN (Bayern); s. S. 197. Die mitgetheilte chemische Analyse ist nicht ganz richtig, weswegen ich sie aus 10,000 Theilen selbst zu wiederholten Malen umgerechnet habe. Die Ziffern lauten nun:

Jodmagnesium . .	0,120 Gran.
Chlornatrium . . .	14,653 „
Chlormagnium . . .	1,036 „
Chlorkalcium . . .	0,263 „
Chlorkalium . . .	0,137 „
Chlorammonium . .	0,033 „
Kohlensaure Kalkerde .	2,481 „
Kohlensaure Bittererde .	0,421 „

| Eisenoxyd | . | . | . | 0,019 Gran. |
| Kieselsäure | . | . | . | 0,047 „ |

19,210 Gran.

| Freie Kohlensäure | . | . | 1,995 „ |
| Temperatur | . | . | $+ 4,96^0$ R. |

Der Kurort besteht aus einigen Gebäuden in kleinen aber hübschen Verhältnissen, liegt am mittleren westnordwestlichen Gehänge eines grossentheils bewaldeten Vorberges der Algäuer Alpen mit prächtiger Fernsicht auf das Illerthal und die es umziehenden Höhen. Nur die Quellen kommen seitwärts und hinter dem Kurhaus aus einer schmalen, schluchtähnlichen Vertiefung. Schutz vor den Ostwinden; reizende Ausflugspunkte. Von Kempten bis zum Kurort 1¼ Stunde Fahrzeit. Liter.: Hertel, 1862; Ditterich, 1863.

SZCZAWNICA (Galizien); s. S. 231. Hr. Torosiewicz fand in 16 Unzen Wasser von der

	Simon-	Valeriaquelle:
Jodnatrium . . .	0,009 .	0,023 Gran.
Bromnatrium . . .	0,017 .	0,067 „
Kohlensaures Natron . .	8,244 .	22,826 „
„ Kalkerde .	4,492 .	6,224 „
„ Bittererde .	1,334 .	1,774 „
„ Eisenoxydul .	0,211 .	0,151 „
Chlornatrium . . .	5,014 .	14,649 „
Phosphorsaure Thonerde .	0,059 .	0,070 „
Kieselsäure . . .	0,184 .	0,216 „
Organische Stoffe . .	0,127 .	0,138 „
	19,691 .	46,148 Gran.
Freie Kohlensäure . .	9,500 .	10,150 „

Die Gliederung der Kurmittel verschafft dem Kurort einen erhöhten Werth. Parkanlagen; die umgebenden Berge bis zu ihren Gipfeln bebaut; zuweilen Morgen- und Abendnebel; schwüle Hitze im Hochsommer wegen des kesselartig umschlossenen Thalgrundes.

TARASP (Schweiz); s. S. 45. Beim Baue der gedeckten Brücke zunächst dem neuen grossen Kurhaus über den Inn wurde 1864 eine neue Quelle entdeckt, gefasst und Brückensäuerling genannt. Sie dient hauptsächlich zur Bäderbereitung, wird aber auch viel getrunken. Hr. v. Planta erhielt 1865 aus 16 Unzen ihres Wassers:

Kohlensaures Eisenoxydul .	0,126 Gran.
„ Kalkerde . .	4,207 „
„ Bittererde .	0,809 „
Schwefelsaures Natron . .	1,283 „
„ Kali . .	0,499 „
Chlormagnesium . . .	0,147 „
Chlornatrium	0.017 „
Kieselsäure	0,074 „
	7,163 Gran.
Völlig freie Kohlensäure .	17,587 „

Chur Eisenbahnstation; von da mittels Post in einem Tage zum Kurort; auch Passage über Martinsbruck und Nauders selbst für grössere Wagen ermöglicht. Liter.: Meyer-Ahrens, 1860; Broschüren, Chur 1865 und 1866.

TOBELBAD (Steiermark), auch Topelbad genannt; s. S. 20. Das Wasser der Ludwigsquelle von 16 Unzen besteht nach Hrn. E. Ludwig's Analyse (1865) aus

Kohlensaurer Kalkerde . . .	1,793 Gran.
„ Bittererde . . .	0,456 „
Kohlensaurem Eisenoxydul . . .	0,006 „
„ Manganoxydul . .	0,003 „
Schwefelsaurer Kalkerde . . .	0,334 „
„ Bittererde . . .	0,714 „
Schwefelsaurem Natron . . .	0,243 „
„ Kali	0,057 „
„ Lithion . . .	0,001 „
„ Strontian . . .	0,014 „
Chlormagnesium	0,031 „
Phosphorsaurer Thonerde . . .	0,004 „
Kieselsäure	0,110 „
Organischer Substanz	0,015 „
	3,781 Gran.
Halbgebundener und freier Kohlensäure	1,307 „

Die vom Boden des Quellenbeckens aufsteigenden Gasblasen bestehen in 100 Theilen aus 96,85 Vol. Stickstoff und 3,15 Vol. Kohlensäure. Fichtennadelbäder; Kuh- und Schafmolken. Wandelbahn zwischen der Trinkhalle und dem Badhaus, in deren Mitte Damensalon. Premstetten Haltstelle der Südbahn, von da noch eine halbe Stunde zum Tobelbade. Liter.: Schüler, 2. Aflg. 1864.

TUEFFER (Oestreich); s. S. 191. Das Römerbad 3 Stun-
den südlicher von diesem Flecken, unfern der Bahnstation, 785' ü. M.;
ganz auf der Höhe das prächtige Logirhaus „Sophienschloss"
mit dem Römerbade durch eine gedeckte Treppe verbunden; Molken und auswärtige Mineralwasser. Von dem + 30° R. warmen
Wasser der Quelle des Franz-Josephs-Bades hat Hr. Wert-
heim 1860 eine chemische Analyse geliefert, die in 16 Unzen
nachwies

Zweifach kohlensaure Kalkerde	.	1,326 Gran.
„ „ Bittererde .	.	0,693 „
„ „ Natron .	.	0,333 „
„ „ . Eisenoxydul	.	0,044 „
Schwefelsaure Bittererde	. .	0,397 „
„ Kali . . .	.	0,050 „
Chlornatrium . . .	.	0,057 „
Kieselsäure . . .	.	0,165 „
Thonerde . . .	.	0,023 „
		3,088 Gran.
Freie Kohlensäure	. .	0,470 „

Beide Kurorte empfehlen sich zur Rast für Solche, die im
Herbste südlichen klimatischen Kurorten zureisen. Liter.: Bun-
zel, 1866.

UEBERLINGEN (Baden); s. S. 259. Nach der neuen chemischen Analyse von Hrn. v. Babo (1860) enthält die Mineralquelle
kein Eisen, sondern stellt blos ein schwaches Kalkwasser mit ähn-
lichen Stoffverhältnissen dar, wie sie die alte Analyse nachweist. Der
pharmakodynamische Schwerpunkt Ueberlingen's liegt in seinen
Seebädern. Auch Molken werden bereitet.

WARMBRUNN (Preussen); s. S. 110. Neu erbautes Badhaus
mit 20 hohen Badzimmern und in den Boden gesenkten Zinnwannen
nebst zweien Bassins, alles mit geschmackvoller Einrichtung; Speisen
der Bäder durch die neue Quelle. Auch für diese ein kioskartiges
Brunnenhäuschen zur Trinkkur; ferner Seesalz-, Soolen-, und andere
Bäder; Inhalationsgallerien; heilgymnastische Anstalt; auswärtige
Mineralwasser. Reibnitz Eisenbahnhaltstelle, von da mittels Omnibus oder Droschke in ¼ Stunden zum Kurorte.

WEILBACH (Preussen); s. S. 112 u. Bd. II. S. 431. Wenn
die kohlensauren Salze als Bikarbonate berechnet werden, dann ist

die neue Quelle allerdings als Sodaquelle zu bezeichnen und stellen sich die Ziffern dann so:

Doppelt kohlensaures Natron	.	10,436 Gran.	
„ „	Lithion	.	0,072 „
„ „	Kalkerde	.	1,081 „
„ „	Bittererde	.	0,848 „
„ „	Eisenoxydul		0,027 „
„ „	Manganoxydul		0,005 „
Völlig freie Kohlensäure	.	.	2,198 „

14,667 Gran.

Die Ziffern der übrigen Salze bleiben selbstverständlich unverändert, wie sie S. 431 stehen. Schwefeldampfbäder.

WIESAU (Bayern); s. S. 285. Fichtennadel-Dampfbäder. Haltstelle der Ostbahn.

WIESAU (Preussen). Nach der Analyse von Hrn. Schwarze (1863) enthalten 16 Unzen dieses Mineralwassers von $+ 5,6^0$ R. Temperatur:

Kohlensaures Eisenoxydul	. .	0,278 Gran.
Schwefelsaures Natron	. .	10,088 „
Kohlensaure Kalkerde	. .	6,377 „
„ Bittererde	. .	1,615 „
„ Natron	. .	1,961 „
Chlornatrium	. . .	0,225 „
Kieselsäure .	. . .	0,107 „

20,651 Gran.

Halbgebund. u. freie Kohlensäure 15,506 „

Obiger Zerlegung gemäss ist also dieses **Wiesauer** Mineralwasser den **eisenhaltig-erdigen Glaubersalzsäuerlingen** beizuzählen.

WILDUNGEN (Waldeck); s. S. 44. Hr. Fresenius erhielt 1860 aus 16 Unzen Wasser des

		Stadt-,	Salz- und Bade- brunnen:	
Doppelt kohlensaures Eisenoxydul	.	0,161 .	0,144 .	0,214 Gran.
„ „ Manganoxydul	.	0,020 .	0,010 .	0,017 „
„ „ Kalkerde	. .	5,472 .	9,753 .	6,971 „
„ „ Bittererde	.	4,113 .	10,474 .	5,054 „
„ „ Natron	.	0,494 .	6,494 .	1,030 „
Chlornatrium	. . . .	0,060 .	8,016 .	0,067 „

Schwefelsaures Natron	.	.	.	0,528	.	0,107	.	0,492	Gran.
„ Kali	.	.	.	0,084	.	0,214	.	0,126	„
Kieselsäure	.	.	.	0,150	.	0,299	.	0,164	„
Doppelt kohlensauren Baryt	.	.	0,002	.	0,005	.	0,002	„
„ kohlensaures Ammon	.	.	0,012	.	0,057	.	0,012	„
„ „ Strontian	.	.	S	p	u	r	e	n.

| | 11,096 | . | 35,615 | . | 14,139 | Gran. |
| Freie Kohlensäure . . . | 19,227 | . | 19,556 | . | 18,720 | „ |

Der Stadtbrunnen heisst nach der neuen Bezeichnung Georg-Viktorsquelle, der Salzbrunnen Helenenquelle, der Bade-brunnen Wiesenquelle. Der Thalbrunnen hat 4,336 Gran Kalk-und Bittererde-Bikarbonat; 0,304 Eisen- und 0,115 Mangan-Bikar-bonat; im Ganzen 8,236 Gran fester Stoffe mit 15,431 Gran freier Kohlensäure; die Stahlquelle 0,585 Eisen-, 0,069 Mangan-, 1,334 Talk-, 0,985 Kalkbikarbonat, im Ganzen 3,338 Gran fester Stoffe, und 18,070 Gran freier Kohlensäure in 16 Unzen Wasser. — Das freundliche Thal ist von Hügeln umrahmt, die eine Höhe über dem Meere von 9 bis 1500 Fuss haben. Liter.: Stöcker, 1866.

WITTEKIND (Preussen); s. S. 181. Der Kurort liegt eine halbe Stunde nördlich von Halle in einer schmalen Thalsenkung zwischen Porphyrfelsen am südlichen Fuss eines Rebenhügels, der Reil'sberg genannt, die nur nach Südost direkt geöffnet ist, unter dichten Parkanlagen traulich versteckt, 200' ü. M. 16 Unzen des in Flaschen abgelagerten Mineralwassers gaben 1854 Hrn. Erd-mann:

Chlornatrium	.	.	.	.	272,287	Gran.
Chlormagnium	.	.	.	.	5,614	„
Chlorkalcium	.	.	.	.	3,041	„
Brommagnium	.	.	.	.	0,046	„
Schwefelsaure Kalkerde	.	.	7,711	„
Kohlensaure Kalkerde	.	.	0,768	„
Eisenoxyd	.	.	.	.	0,154	„

| | | 289,621 | Gran. |

Zweiundzwanzig Badekabinete mit Holz-, Marmor- und Porzellan-wannen, in den Boden gesenkt; vorzügliche Kuh- und Ziegenmolken; anmuthige Spatzirgänge; Gondelfahrten auf der nahen Saale; mildes Klima.

MOLKENANSTALTEN.

BERNECK (Bayern), Städtchen am Einflusse des Oelsnitz in den weissen Main, zunächst dem Eingang in's Fichtelgebirg, 1167' ü. M. in romantischer Lage, von der alten Bayreuther Poststrasse nach Hof durchzogen. Auch Kiefernadel- und Dampfbäder. Gegen die Nordwinde Schutz durch das Fichtelgebirge. Von Bayreuth mittels Post in 2 Stunden, von der Eisenbahnstation Marktschorgast in 1 Stunde zum Kurorte.

BUERGELN (Baden), Schloss bei Badenweiler, 2500' ü. M., schönster Punkt des Schwarzwalds mit Rundsicht über das Rheinthal, Elsass, die Schweiz; Pension die Woche 11 fl.; milde Luft.

HEIDEN (Schweiz); s. S. 330. Auch eine Privatanstalt „zum Sonnenhügel", die gegen eine wöchentliche Pension von 26 bis 32 Frc. gute Wohnung und Kost nebst Molken bietet.

MUGGENDORF (Bayern), Dorf ¼ Stunde nordöstlich von Streitberg (s. S. 323); vor dem Dorf im Wiesentthale die Molkenanstalt des Hrn. Dr. Schüler mit Kastendampf- und Kiefernadelbädern.

OTTENSTEIN im sächsischen Erzgebirge, zunächst dem Städtchen Schwarzenberg mit seiner Eisenbahn, in romantischer, sehr geschützter Lage. Auch Kiefernadelbäder und Einathmungs-Vorrichtungen für Kiefernadel-Dämpfe. Eigenthümer H. Bauer.

PARTENKIRCHEN in den oberbayerischen Alpen (s. **KAINZENBAD** S. 119.) Im Posthause daselbst werden Kuh- und Ziegen-Molken nebst Kräuter-Säften und auswärtigen Mineralwassern abgegeben. Beim Spengler kalte und warme Bäder im und vom Kankerbache.

RORSCHACH (Schweiz), Marktflecken im Kanton Appenzell am obern Theile des Bodensees, 1227′ ü. M.; auch See- und Wannenbäder; Douchen. Ganz in der Nähe, der Feldmühle gegenüber, die Pension und Molkenkuranstalt **BAEUMLISTORKEL** mit warmen Wannenbädern. Das Dorf **HORN**, ¼ Stunde unterhalb Rorschach auf einer breiten Landzunge am Bodensee, mit See- und Wannenbädern, Douchen und Eselsmilch, im Kanton Thurgau. Rorschach Dampfschiff- und Eisenbahnstation.

SEEWIS (Schweiz), Dorf im Prättigau, Kanton Graubünden, 3033′ ü. M., mit dem Pensions- und Kurhause Scesaplana, ganz vor Winden geschützt. Pensionspreis täglich 4 Frc. Eisenbahnstation Landquart, von da noch 2¼ Stunden durch die Klus zum Dorfe.

WOLFHALDEN (Schweiz), Pfarrdorf im Kanton Appenzell-Ausserrhoden, 20 Minuten von Heiden, 2192′ ü. M., mit der kleinen Anstalt nahe bei der Kirche, Friedberg genannt, und mit Wohnungen im Dorf; vom Speisesaal jener prachtvolle Aussicht auf den Bodensee; Klima etwas milder als jenes von Heiden. Nächste Eisenbahnstationen wie für Heiden die Stadt St. Gallen; tägliche Postverbindungen; dann Rorschach 2 Stunden von Heiden. Eigenthümer Dr. Zürcher.

WOLFSBERG (Schweiz), Schloss im Kanton Thurgau, auf einer aussichtsreichen Höhe des Untersees und Rheins über seiner Orts- und Pfarrgemeinde Ermatingen, 1613′ ü. M., 20 Minuten vom Schloss Arenenberg. Dampfschiffstation Konstanz; entfernter und südöstlich Romanshorn. Eigenthümer: C. Bürgi-Ammann.

TRAUBENKURORTE.

ALGIE (Schweiz), Flecken, 1290' ü. M., Kanton **W a a d t**, im **R h o n e t h a l** mit. sehr geschützter Lage.

ASMANNSHAUSEN am Rhein (Preussen), Landungsstelle der Dampfschiffe mittels Kahn, mit seinem berühmten Rothweine.

BLASEWITZ (Sachsen) bei **D r e s d e n** am linken **E l b e u f e r**.

EDENKOBEN (Bayern), Städtchen in der Rheinpfalz; hat auch eine schwache Schwefelwasserstoffquelle.

GOARSHAUSEN, ST., am **R h e i n** (Preussen).

KREMS (Oesterreich), Städtchen am Einflusse der **K r e m s** in die **D o n a u**; auch in **STEIN**, Städtchen, das fast mit ersterem zusammenhängt.

LOSCHWITZ (Sachsen), unferne von **D r e s d e n** am rechten **E l b e u f e r**, dem Orte **B l a s e w i t z** gegenüber.

NIEDERLOESSNITZ im sächsischen Erzgebirg.

RUEDESHEIM am **R h e i n** (Preussen).

VEVEY (Schweiz), Städtchen am nördlichen Ufer des **G e n f e r**-sees, 2 Stunden westlich von **M o n t r e u x** (s. S. 339) mit ausgezeichneten Pensionen; überhaupt alle Orte zwischen **C l a r e n s** bis zum Schlosse **C h i l l o n**. S. die Monographie von **C u r c h o d**: Essai thérapeutique et pratique de la cure de raisins étudiée plus specialement à Vevey etc. 1860.

WEINSBERG (Württemberg), Städtchen am **N e c k a r**, 1 Stunde östlich von **H e i l b r o n n** mit der Burgruine Weibertreu.

KALTWASSER- UND DIAETETISCHE HEILANSTALTEN.

BEAU-SITE (Nerothal-Mühle), am reizendsten Punkte des Nerothals zu Wiesbaden: August Herz. Wochenpensionen von 15 fl. an.

BUCHENTHAL (s. Bd. II. S. 434); auch Fluss-, Kiefernadel- und Dampfbäder, Ziegenmolken.

BUZIAS, Dorf in einem hübschen, hügeligen Thale des ungarischen Bannats, als Kurort schon den Römern bekannt mit mehreren Eisensäuerlingen und einer gut eingerichteten Kaltwasser-Heilanstalt; Molken.

DESSAU. Römisch-Irisches Bad. Besitzer: Apotheker Petters.

DIETENMUEHLE, auf einem Hügel des anmuthigen gleichnamigen Thales bei Wiesbaden, welches sich dem Kursaal-Park anschliesst. Arzt: Dr. Genth.

DRESDEN. Diätetische Schroth'sche Heilanstalt. Arzt: Dr. Kadner.

EICH. Zwischen Burtscheid und Aachen mit prächtigem Garten und eleganten Wohnungen; Kuhmolken.

FRIEDRICHSHAFEN am Bodensee. Römisch-Irisches Bad.

HOFHEIM am Taunus; Eisenbahnstation Hattersheim. Arzt: Dr. Kramer.

JOHANNISBERG im Rheingau (s. Bd. II. S. 436.) Pneumatischer Apparat für komprimirte Luft; der Park des fürstl. Metternich'schen Schlosses den Kurgästen geöffnet.

HOMBURG bei Frankfurt a. M. (Pfingstbrunnen); s. Bd. I. S. 247. Arzt: Dr. Hitzel.

KALTENBRUNN in Gainfarn nächst Vöslau, 3 Stunden von Wien. Monogr.: Friedmann und Sigmund, 1864.

KALTENLEUTGEBEN bei Wien. Arzt: Dr. W. Winternitz.

KANNSTATT a. Neckar; „Naturheilanstalt und homöopath. Klinik". Besitzer und Arzt: Hr. Dr. Tritschler.

MAMMERN in der Schweiz, Kantons Thurgau, am Untersee; auch römisch-irische, See- und Kiefernadelbäder; Molken, Erdbeeren, Trauben. Dampfbootstation. Arzt: Dr. Freuler-Ringk.

NEUMUENSTER, Maison de Santé zum Mühlgarten, 5 Minuten von der Stadt Zürich. Besitzer und Arzt: Dr. Stocker.

NEROTHAL (s. Bd. II. S. 438); auch Einathmungskuren; Bäder mit gepresster Luft; russische Dampfbäder; Kräutersäfte.

PICKENRIED bei Kaufbeuern (Haltstelle der Augsburg-Lindauer Bahn); auch Kräuter- und Molkenkuren; Kiefernadel- und künstliche Mineralbäder. Arzt: Dr. Wolff.

RUDOLFSBAD in Reichenau, 20 Minuten von der Haltstelle Payerbach der österreich. Südbahn, in einem nur nach Osten offenen Alpenthale, 720' ü. M. Arzt: Dr. Wallner. Wochenpreise von 27 bis 33 fl. C. M.

RUEDERSDORF in der Mark; Süsswasser-Seebad und Wasser-Heilanstalt; auch warme und künstliche Mineralbäder; Kuh- und Ziegenmolken; Gartenanlagen und Waldpromenaden. Erster Haltstelle der niederschlesisch-märkischen Bahn, von da auf einem schattigen Waldweg oder mittels Bootes in 1½ Stunde zum Kurorte.

SCHMEKS in Ungarn, 3078' ü. M., im Tatragebirge (Karpathen) mit reizender Umgebung, Parkanlagen, Koniferenwaldungen und sogenannten indifferenten Säuerlingen, 4 Stunden von Käsmark in der Zipser Gespannschaft.

SCHWALHEIM (Preussen), 10 Minuten von Nauheim. Arzt: Prof. Dr. Fleury, ehem. Oberarzt der Anstalt Belle-Vue bei Paris.

SCHWEINFURT (Bayern); auch Traubenkur. Arzt: Dr. Schilling.

ST. LEONHARD bei St. Gallen in der Schweiz „zum Paradies"; (Maison de Santé; Wasser-, Inhalations-, Elektricitäts-, Mineralwasser-, Milch- und Molkenkuren etc. Arzt: Dr. Seitz.

ULLERSDORF in Mähren, 1200' ü. M., (s. B. I. S. 120). Kuh- und Ziegenmolken.

WAISNIX zu Reichenau in Oesterreich, 712' ü. M. Haltstelle Payerbach der Südbahn.

WIEN. Hrn. Gilge's Anstalt im Brünnlbad der Alservorstadt. Arzt: Dr. Linhart. Wochenpensionen zu 20 fl. österr. Wahrung.

~~~~~~~~~~~~~~~~~~~

KIEFERNADELBAEDER.

Die Bäder vom Absud oder dem Auszuge der Nadeln von den Koniferen sind in nicht wenigen Kurorten nachgerade ein Gegenstand der Spekulation geworden. Ausser den bereits im ersten und zweiten Bande dieser Balneologie genannten sind zur Vervollständigung der Liste noch folgende aufzuführen: a) ISCHL, SULZA, TEINACH, WIESAU (Bayern); b) ANDREASBERG im Oberharz, eine der sieben ehem. hannover'schen Bergstädte; BLANKENBURG am Harz im Braunschweigischen; BROTERODE am Fuss des Inselberges, 2000' ü. M.; GEHREN (Amt-Gehren) an der Wohlrose zwischen Königsee und Ilmenau; HUBERTUSBAD im Unterharz; ILSENBURG an der Ilse in der Grafschaft Wernigerode; LANGENBERG bei Gera; LINDENBERG bei Osterode am Harz (hat auch zwei Kabinete zum Einathmen von „Fichtennadeldämpfen"); OTTENSTEIN bei Schwarzenberg im sächsischen Erzgebirge; SALZHEMMENDORF unweit der ehem. hannover'schen Eisenbahnstation Elge; SCHLEUSINGEN am südlichen Abhange des Thüringer Waldes, 1300' ü. M.; SUDERODE am Unterharz, 500' ü. M. (auch Soolenbäder vom Beringer Brunnen); TREFFURT an der Werra unweit Eisenach.